JN106300

地蔵・長屋の
歴史民俗学

震災を越えてきた街
神戸長田から

森栗茂一

Shigekazu Morikuri

神戸学院大学出版会

はじめに

　もう、四半世紀も前の記憶になったが、1月17日は神戸市民には忘れられない。私の目の前の大学生のなかには、生まれる前の昔ばなしかもしれない。しかし、長田に生まれ、神戸に生き、神戸学院大学で教鞭をとっている者としては、どうしても語っておかなければならない話がある。

　個人的な話だが、私は神戸市長田区に生まれ、1995年阪神淡路大震災（以下、阪神大震災、震災と称す）当時、郊外の西神ニュータウンに住んでいた。長田に住む親を自動車で救出に出かけ、山麓バイパスの市街地への出口、鵯ICからみた、黒煙と大火に包まれる故郷の街の、この世の物とは思えない、悪夢の記憶は、四半世紀たってもありありと残っている。

　震災直後、国立歴史民俗博物館客員助教授・都市民俗学者としての私は、焼け跡の街を彷徨した。

　「学問は、この街に何ができるのか」

　「己の学問の意味とは何か」

　当時40歳の私は、被災した故郷をみつめ、自己の学問を問いつづけた。

　それから一週間後、まだ焦げ臭いにおいと熱が残っていた長田区の被差別部落の焼け残ったバラック小屋の前を通りかかったとき、子どものときの二つの記憶がフラッシュバックのようによみがえってきた。

　小学校時代、私は、モンモン（入れ墨）のおっちゃん、荒い言葉で代表されるバラック不良住宅が延々と並ぶ被差別部落を避けていた。差別心を隠さない母から、「近づいたらあかん」といわれていた。しかし、8月23日、この不良住宅群は地蔵盆の夕とともに、延々と続く卍印の赤い提灯、お供えしたお菓子を子どもに配る大人、大きな紙袋を持って菓子を集めまわる子どもたちで賑わう。町は子どものユートピアに変わっていた。なかでも、地蔵盆が盛んな長田区番町地域には、地域内外の子どもが集まってきた。私の子どもの頃の記憶は、たくさんの地蔵盆をめぐり歩いた記憶でもあった。それは、8月23日、長い夏休みへの惜別の記憶でもあった。番町は、子どもに優しい町だったことを、被災した街で思い出した。

図1　バラック住宅を改良した公営住宅にも地蔵盆の赤い提灯が飾られる

　もう一つ、結婚して西神ニュータウンに住んでいたときの記憶を思い出した。

　私は、西神ニュータウンから親が住んでいる長田に、子どもをつれて毎月、毎週のように戻った。ことに、8月23日の夕には、子どもを被差別部落の地蔵盆に連れ出した。我が子が、熱心に拝んでいると「おっ、エー子や」と、地元のおっちゃんがお菓子を二つ、子どもにくれた。見知らぬ大人から、いきなり、多くの菓子を渡されたニュータウン育ちの我が子が、おどろき喜んでいたことを思い出した。

　それからしばらくして、一面焼け野原になり多くの犠牲者を出した長田区鷹取東地区を歩いているとき、焼け跡から割れて焦げて出てきた地蔵さんの破片を、自転車屋のⅠさんが拾い集めたと聞いた。ガレキ撤去のときに、ガレキとともに消えてしまった地蔵さんが多いなかで、Ⅰさんの長屋の地蔵さんの破片は掘り出されて、首がボンドで接着され、避難場所の旭若松公会堂で祀られた。戦災をくぐったといわれる真っ黒な地蔵に、ボンドの傷跡が痛々しかった。

　震災復興区画整理事業で整備された今は、この「ボンド地蔵」（当時、復興まちづくりのコンサルタントの間では、私の被災地報告にちなんでこう呼ばれていた）は、日吉5丁目のポケット公園で、仏教ボランティアが寄付した地蔵、他の地蔵と3体あわせて「あわせ地蔵」として祀られている。今では、地域で、あわせ地蔵の地蔵盆がおこなわれている。

　一方、大橋7丁目では、長年、隣人が祀っていた地蔵があり、小さな路地（幅約3m）で盆踊りをし、子どもたちの名を書いた提灯をつってきた。震災後、地蔵さんの祠に、地蔵のお世話をしてきたお婆さんも含め、町内で亡くなった7名の戒名が祀られた。しかし、大橋7丁目が再開発事業にかかることになり、お爺さんは「誰が（地蔵の）責任、持つんや」と躊躇するお婆さんを叱責し、地蔵を須磨寺に納めることにした。ところが、地蔵さんを須磨寺に送る前日、それまで「納めんかい!」といっていたお爺さんが、「なにやらもったいないようで、（地蔵さんを）よう送っていかん」と言いだした。地蔵さんを送った夜、二人は一睡もできず、寝床で泣いたと聞いた。

　須磨寺は、神戸における真言宗の布教拠点であり、町内で祀ることのできなくなった多くの地蔵が納められた。神戸には弘法大師空海（「お大師さん」とよばれる）の生誕地、四国出身者も多く、「お大師さん」を標榜する拝み屋さん（民間宗教者）が多く、彼・彼女らが「須磨寺に返せ」と託宣していた。ちなみに、先に紹介した我が子の名前は、実母の勧めにより、兵庫区にあった「お大師さん」の拝み屋さんに頼んでつけてもらった。

　近代日本は、近世の街並みに、西洋式の建築や工場、公共施設、交通施設を埋め込んで、矛盾を内包したまま発展してきた。

　阪神大震災をさかのぼること72年、1923年9月1日、古い町並みを内包した近代帝都東京を関東大震災が襲った。帝都復興院総裁後藤新平は、復興のた

図2　須磨寺に寄せ集められた被災地蔵

図3　須磨寺に奉納された地蔵の祠

めに、街路・公園の整備、コンクリート住宅建設（同潤会アパート）をすすめた。日本の近代都市計画は、関東大震災復興から始まった。

このとき、今和次郎は、被災者の暮らし、バラック小屋のデザインをスケッチし、考現学をはじめた（畑中　2011 年）。今和次郎は、1910 年、私学初の早稲田大学建築学科創設に招かれている。

一方、1995 年 1 月 17 日。高度経済成長を終え、バブル景気が終息したちょうどその折、阪神大震災が起きた。大震災は、戦後の経済発展のなかで空洞化・高齢化した古い市街地を襲った。震災の全焼家屋の 68.7%（神戸市内比）が、木造密集住宅が多かった長田区であった。阪神大震災復興まちづくりでは、従来の都市計画、個別の医療計画ではなく、コミュニティでの医療・福祉の融合、コミュニケーションを重視した総合的な共働まちづくりが模索された。

著者は、都市民俗学者の立場から復興まちづくりに関わってきた。本書は、住民共働まちづくりのなかで聞こえてきた、震災を越えてきた長田の地蔵盆、地蔵とコミュニティの伝承を横軸に、都市計画や長屋住宅の歴史変化を縦軸に、その聞き書きを歴史民俗学としてまとめたものである。

※　本論のヒアリング資料の一部に、差別用語、通称、地名、方言等、バランスを欠く表現が残っているが、必要に応じて注記し、インフォーマントの発言の趣旨、物語性を損なわない形で残した。また、ヒアリング資料の一部に、個人情報に関わる部分が残るが、当事者をたどれるものは、その了解を得、必要に応じて仮名、仮地名を付して、コンプライアンスに留意した。新聞記事については、著者のコメント、行動等を含む最小限度のものを、その事実を確認した著者の判断・記述をもって論じ、必要に応じて、新聞社に許諾を求めるようにした。

目次

1章

神戸の地蔵信仰と
復興まちづくり

1—1 民俗学は何ができるのか

　人間社会に関する科学においては、個人的な動機、「志」といったエモーショナルな、およそ客観的とはいいがたい定性資料も、重要な意味を持つ。内省や「世のため人のため」を重要な研究姿勢とする日本民俗学では、共感を大切にし、想像力を重視するといった対象論から関係論へ、モノローグからダイアローグ・アプローチにこそ、本領発揮の場がある。そして日常性の細部に共鳴する感受性と実践的展開の結合を試みるところに、日本民俗学の醍醐味がある（森栗2018）。

　1995年の阪神大震災に際して、私は「観察者」にとどまることができなかった。神戸に生まれ育った者として、「対象」としての都市研究から、市民に寄り添う「学問的自己」と参加実践する「市民的自己」の両立をめざすparticipant researcher（参画型研究者）へと大きく舵を切らざるを得なくなった。

　しかし、その現場で問われたのは、私個人の姿勢や志にとどまらず、民俗学の専門性であった。民俗学は何ができるのか、民俗学では都市をどうとらえ、その視点でどのような「政策」が提出できるのか。そこが問われ、そこに苦悩した（森栗　2003、620-634）。

1—2 震災後の地蔵盆に関わったきっかけと活動

　1995年1月17日以来、「フィールドワーカーは何ができるか」を問いつづけてきた。ガレキ撤去の合意形成のコーディネーターをしながら、聞き耳をたて「民俗学」の努力をしてきた。そこでは、被災市民の「高齢者問題」、改正建築基準法上の不適格となる「狭小宅地問題」などを耳にした。6-7月頃になると、被災旧市街地に公有地が少なく、郊外に大量の仮設住宅ができた。避難所での長い生活に疲れた被災者は、迷わず、おこなった事もない、知らない人と隣り合わせの郊外の仮設住宅の暮らしとなった。結果的に被災者の多くが地元に残れなかった。こうして、1995年7月、地蔵盆をめぐる2つの動きが表面化した。

　（A）旧市街地での地蔵盆の担い手、道具、地蔵像、祠の被災と欠如

（B）仮設住宅での新たなコミュニティの核としての地蔵盆の必要

　8月の地蔵盆が近づくと、人々が地蔵盆を開くことの困難さを語るようになった。そこで、私は以下のような参画型研究をはじめた。

　被災した旧市街地（A）においては、

　A-1　犠牲者の慰霊としての地蔵盆

　A-2　被災して旧市街地を離れた元住民を呼び寄せる地蔵盆

という意味があった。A-1　が「慰霊」「追憶」ならば、A-2　は生活の場の「関係性（ふれあい）」「記憶」の復元としての地蔵盆である。これは民俗学と無関係ではない。

　一方、郊外（B）の仮設住宅においては、

　B-1　市街地での恒例の生活を被災した子どもたちや高齢者に思い出させる
　　　　地蔵盆

　B-2　仮設住宅での新しいコミュニティづくりの地蔵盆

として展開した。B-1が多様な世代の「記憶の再構築」であるとするならば、B-2は「伝承の創造」（応用民俗学）ではなかろうか。私はそれらを支援しつつ観察した。

1—3　神戸市とその周辺の地蔵盆

神戸市長田区の開発と地蔵

　1889年、近代都市・神戸市が誕生した。その西側周縁は、長田、駒ケ林など諸村を併せ林田村となった。神戸市に編入された林田区では道路整備事業が始まり、兵庫運河の沿岸には、製糖・製粉・マッチ・製材・車両・造船・鉄工の工場、発電所が建設された。大正から昭和初期にかけて、西部、長田、西代と順次耕地整理組合が設置され、農地を整理して道路をつくり、市街地化を促進させた。広い道路には市電軌道が敷設され、工場労働者とその家族のために、共同便所、共同井戸を併設した棟割長屋が建設された。上下水道がなかった木造密集市街地は不衛生な生活環境であった。こうしたなか、抵抗力

のない子どもの死亡が避けられなかった。この都市状況の中で、個人的動機として地蔵祭祀が始まった（森栗　1996）。それを唱導したのは、今も街中に多く残る「熱心な人」（霊能者 [鞍馬弘教など新興宗教の「先生」、四国八十八箇所巡礼の「先達」など]）である。

　これらの地蔵は祭祀を断念したときは須磨寺に返される。神戸市西部には四国出身者が多く、大師信仰とそれに関連して四国八十八箇所巡礼（四国遍路）の信仰が根強い。神戸周辺における大師信仰の核が須磨寺であるが、須磨寺が積極的に地蔵信仰をひろめた形跡はない。ただ、地蔵の名前に「立江地蔵」が多く、四国八十八箇所第 11 番札所、立江寺（徳島県）の信仰が、この地蔵信仰に大きな影響を与えていることが伺える。

長田区における路地の共同性と地蔵盆の展開

　こうした個人的動機で祀られた地蔵は、長屋の路地（1 間半、約 2.7 m の私有地）に大家の了解のもと、ときには大家が地蔵の祠や像を負担する形で祀られた。その地蔵の日常祭祀（供水、献花）を支えたのは路地の女性たちであった。当事の長屋では、男は工場で働き、女は自宅で内職をしつつ家事・育児をした。自宅は 10 坪に満たない粗末な平屋であり、味噌・醤油・惣菜のやりとり、子どもの相互育児など助け合わなければ暮らせなかった。そうした共同のなか、子どもが誕生すれば、子どもの名が書かれた岐阜提灯を奉納し、ともに喜んだ。一方、不衛生な環境のなか、突然発生する子どもの死を皆で悲しみ、地蔵を祭祀した。

　長田の地蔵盆は 8 月 23 日（ひと月遅れ）の昼に準備される。男たちが地蔵の前に棚を設え、テントを張り、無数の赤い「卍」の描かれた丸提灯や、奉納した子どもの名前が書かれた岐阜提灯を吊るした。

　一方、女たちは食事の準備に忙しい。地蔵ごとに、バラ寿司（ちらし寿司）、いなり寿司、五目飯（炊き込みご飯）と異なるが、隣保で共同調理をした。このとき、「ごぼうのささがきの名人」、「油揚げを甘辛く炊く名人」といわれる個人が路地ごとにおり、それぞれの台所で手分けして調理した。供え物は、はぜ豆（空豆）が定番であった。町内の有志は、様々な「お供物」を出した。1960 年代頃から、

徐々に菓子問屋に発注した。一斗缶に入った菓子が供えられ、最近は、缶ジュースやスナック小袋が供えられた。

　23 日の夕刻前から、多くの子どもたちが大きな袋を持って町の地蔵を巡る。自転車で巡る者や、浴衣姿の中学生もいる。線香をもって地蔵をまわり、参拝のあと「お接待」として供物の菓子の分配を受ける。本来は「七とこ参り」と称し 7 カ所の地蔵を巡るものであった。なかには、普段は郊外団地に住み、この夜だけ祖父母の住む長田区にきて、「お接待」にまわる子どももいた。

　「お接待」が一段落した午後 8-9 時頃、町内の有志が西国三十三所観音巡礼の御詠歌をあげる（四国八十八箇所巡礼の御詠歌ではない）。その後、共同飲食となり、子どもが寝た後は大人たちの酒盛りになる。狭い路地で盆踊りが催されることもあった。地域によっては、この夜、男が女の、女が男の異装をして夜更けまで踊った。翌 24 日は撤収作業をする（森栗　1996）。

地蔵盆の興隆と消費化・高齢化、そして阪神大震災

　長田区の地蔵盆の最盛期は、高度経済成長の 60 年代と思われる。木造密集市街地における、大きな連帯行事であった。かつて「はぜ豆」であった「お接待」が、菓子問屋で仕入れた一斗缶の菓子（かりんとう、揚げ菓子、せんべい、ラムネ菓子など）を茶碗で 1 杯ずつ配るように変わり、近年は窒素ガスが充填された小袋スナックや缶ジュースに変わった。子どもの持ち物も、紙袋であったものが大きなビニールのゴミ袋に変わり「七とこ参り」という言葉は忘れられた。

　70 年代に入って公害で居住環境が厳しくなった長田区から、多くの若い世代が郊外団地に流出した。最盛期には約 28 万人あった長田区の人口は、震災前には 10 万人に近づいていた。旧市街地には子どもが少なくなり、地蔵とお婆さんたち、それに名前の書かれた岐阜提灯だけが路地に残された。神戸市長田区菅原 3 丁目では、最盛期、裏長屋に 200 ～ 300 人以上いた子どものために、20 以上の地蔵が路地ごとに祀られていた。その地蔵が震災直前には 4 つになっていたという（伝承のみ、未確認）。それが被災してガレキとともに行方不明となり、住民も郊外仮設住宅に転居し、地蔵は 0 になってしまった。震災復興区画整理

事業がほぼ終っても、更地がひろがる菅原3丁目の子どもの数は20名程度となった。

　地元に残った若い世帯でも、男は地域の町工場ではなく、大阪を含む遠隔地に職を求め、女は自宅での内職ではなくパートタイムに出る。4ｍ以上に拡幅された路地では、地蔵は自動車の通行に邪魔だと撤去され「熱心な人」に預けられた。こうして地蔵は路地コミュニティの共同祭祀から、「熱心なお婆さん」たちの個人祭祀に変わった。90年前後には、旧市街地の高齢化、空洞化は激しくなり地蔵の世話をする「熱心な人」は少なくなり、須磨寺に地蔵を戻すケースが頻発した。阪神大震災で地蔵祭祀が難しくなったというより、旧市街地の高齢化、空洞化のなかで地蔵信仰衰退があり、震災はそれをより鮮明に加速した。

長田区以外の地蔵盆

　興味深いことに、「お接待」の配布に腐心する長田区では8月23日のみに地蔵盆を実施する。盆踊りに全力をかける地区もあるが、長田区、および、隣接する兵庫区、須磨区では、「お接待」がある23日に関心が寄せられる。これに対し、第二次世界大戦後に神戸市に編入された東灘区の旧村では、24日、旧の村ごとに詠歌講（尼講）の講員とその孫たちが地蔵の前で多人数が数珠くりをした。菓子配布もその旧村メンバーだけであり、農村の民俗行事がそのまま市街地化されたなかで命脈を保っている。

　地蔵盆は、数珠くり・詠歌講と組み合された閉ざされた旧来の村コミュニティの民俗行事である。東灘区の旧村のように市街地化されても、近隣の多様な子どもたちにお接待することはない。

　これに対し長田区などは、近代都市において、個人の信仰を基礎に、近隣ネットワークでお供物を出し合い、宵祭における子ども接待や盆踊りに特化して、高度経済成長期・安定成長期に過大消費化していった。したがって設営撤収が大掛かりになるため、23日のみに実施されたのかもしれない。

1—4　震災・災害と地蔵

旧市街地の地蔵と被災

　このような展開をみせていた神戸の地蔵盆は、阪神大震災において、どのように被災し、再発見され、再構築されたのであろうか。

　被災地蔵については、一定の語りのパターンがある。厳しい被災の全壊地区でも「地蔵さんのおかげで火事がでなかった」、もし火災があっても「地蔵さんのおかげで、長屋は焼けたが、けが人が出ずにすんだ」と語られた（森栗1996）。人々は（己の家が倒壊したのに）地蔵さんはどうしているだろうと、4～6月頃から気になりだした（森栗　1998a）。その動きに着目した私は、地蔵の来歴を伺ってみて驚いた。地蔵のなかには、1938年の神戸大水害で拾われ、1945年神戸大空襲で焼け跡の中から真っ黒になって拾われ、1995年阪神大震災のガレキのなかから拾われてきたものがある。地蔵は、都市災害の伝承を伝えつつ、人々の町に住み続ける想いを支えてきた（森栗　1998a）。しかし、阪神大震災は旧市街地の高齢化．空洞化にいっそう拍車をかけ、地蔵を世話する人がいないから祀れないという状況を加速してしまった。

仮設住宅、復興住宅と地蔵（1995～2000年）

　震災以前から地蔵祭祀は町の共同から個別の信仰によりかかる状況に変化していた。だから地蔵を抱えて郊外の仮設住宅に、個々に避難した被災者が少なからずいた。そんなこともあり地域に地蔵がない場合、仏教ボランティアが配った「被災地の土を練りこんだ地蔵」をもらいうけて、被災死亡者の慰霊、仮設住宅住民のふれあいのために地蔵盆・盆踊りがなされた（森栗　1998a）。（図4）

　その後、復興公営住宅ができ、仮設住宅の被災者は、再度、抽選でバラバラに移転した。このとき、個人が持ち込んだ地蔵尊を公営団地に「モニュメント」として安置し地蔵盆が模索されることもあった（県営岩岡住宅など）。復興公営住宅の初期にはボランティアの支援のもとに、犠牲者の「慰霊」、団地の「ふれあい」として地蔵盆がイベント化していった。しかし、ボランティアの撤退、特定宗教の信者住民の反発もあり、運営は必ずしも順調ではない。

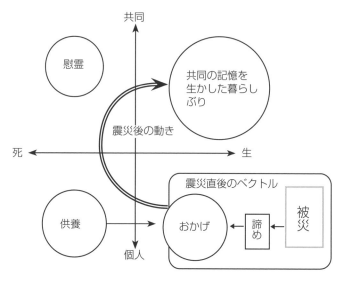

図4　震災を巡る地蔵盆への意識の変化　(参考 [宮本　2003、13-14])

表1　阪神大震災での伝承表出の特色

	平常時のムラ	非常時（阪神大震災）の都市
災害伝承の表出	祟り、供養	おかげ
伝承の理念的表出	異質の排除	多文化共生
地域の特色	閉鎖コミュニティ	開かれたコミュニティ

　この地蔵盆をめぐる動きを理念的に描くと（図4）のようになり、震災では特殊な共同経験、連帯を基礎としたコミュニティができている。この非常時の都市の伝承を、従来の民俗学が対象としてきた平常時のムラと比べると、表1のようにその特色を示すことができる。これを踏まえ防災福祉の都市計画の方向を考えると、以下のようになる。すなわち、都市を「災害を前提とするコミュニティ」ととらえ、非日常に備え、日常の防災福祉の関係を維持するには、他者、自然のなかで生かされる自己を認識し（おかげ＋共生）、個人を前提とした日常地域活動（伝承活動）が防災福祉に必要だということになる。

1—5　震災復興都市計画と地蔵

復興共同再建事業と地蔵

　被災した木造密集市街地では、元の狭小住宅の復元は接道不良（改正建築基準法上第43条）等により困難であった。そこで狭小宅地を共有し、共同再建（民間区分所有マンション）することが模索された。そうした共同再建では路地の地蔵がモニュメントとして復元されることが少なくなかった。

　長田区東尻池の7丁目立江地区の共同住宅の場合、3名の地主と5名の持地持家の住民が共同して、火災焼失の43戸のうち18戸（借家13戸、持家5戸）、約730㎡の敷地（「私道」「通路」を含む）を一体化（共有化）し、12戸の借家と6戸の持家、計18戸（うち2戸は店舗付き住宅のため区画数は20）の共同住宅を建設し、区分所有した。建設は都市公団（現・都市再生機構）の事業とし、賃貸部分（及びオーナー住宅）は「民営賃貸用特定分譲住宅制度」を導入して公営住宅とし、持家部分は「グループ分譲住宅制度」（コーポラティブ住宅制度）を適用した。被災した借家人に対して、国と市による家賃補助がおこなわれる他、罹災証明を持つ従前借家人の優先特定入居を認めたため、7世帯の従前居住の借家人が戻り入居することができた（乾・柴山　1996）。この共同再建住宅の中央にも、共同井戸とともに「立江地蔵」が設けられた。

震災復興土地区画整理事業と地蔵

　土地区画整理事業は土地の交換分合によって道路・公園を整備する都市計画であるが、長田区鷹取東では、区画整理事業残余地整理でできた狭小端地に被災した地蔵二体と仏教ボランティアが奉納した地蔵、計3体を「あわせ地蔵」として置き、ポケットパーク（区画整理事業により生み出した公有地）に一体的に隣接整備した。公有地に宗教色のある地蔵を置けないと（行政が）主張するので、「あわせ地蔵」を公有地に隣接、一体整備した。今では、この公園で、地域の共同の地蔵盆がおこなわれている。

　長田区細田.神楽地区でも、震災で焼け残ったものの、区画整理に組み込まれた路地の地蔵と在日二世のケミカルシューズの底作りの社長が護る工場裏の地

蔵とが、行き場を失っていた。まちづくり協議会は、地域の地蔵が全てなくなることに危機感を持ち、住民合意のもとに2体の地蔵を寄せ、街路モニュメントとして置いた。

震災復興再開発と地蔵

　地権者や土地持ち居住者、営業者、借家人など、多様な権利者の権利変換を行政、または組合がおこない、再開発ビルでの入居‐営業を求める再開発事業でも、地域に多くあった地蔵をどうするかが問題となった。震災復興では、自治体が主体となる第一種再開発として実施され、この場合公金で建設されるビルに地蔵を置けるかどうか、また商業ビルの共用部分に、営業面から地蔵が相応しいかどうかが問題となつた。

　再開発では、実際には権利の少ない借家人、持ち家でも資金や年齢にゆとりのない人、借店舗の小商人は出ていかざるを得ない。その場合、地蔵は須磨寺に奉納される。そこで、再開発事業の従前居住者用住宅のモニュメントとして再開発住宅に置いたり、地域の地蔵を集め再開発商業ビルの側面公開空地に置き、下町の街の雰囲気を演出している。

1—6　民俗の役割

　都市計画事業において、地蔵のような民俗を考慮することは、どのような意味があるのだろうか。

　現代都市の社会理論の第一人者である英国のハーヴェイは、人々のつぶやきを「生活知」「実践知」として引きだし、感情的かかわりの中から彼らがワープする言語ゲームの瞬間をとらえる（ハーヴェイ　1999、73）フィールドワークに期待していた。日本のコミュニティワークの第一人者である延藤安弘は、研究者はNPO・市民・行政・企業の創造的媒体者、メディウェア〔mediate　媒体・mediate　企む +community-media〕でありたい（延藤　2003）という。震災復興には、このような民俗から考えることが求められており、本論は地蔵を巡る言語ゲームの瞬間をとらえた記述を基礎として論じている。

1−7　災害から生まれた市民活動と学問

　一般に、天災や戦災にあけくれた日本の歴史は、その辛苦から、深い哲学や文化、ネットワークを育ててきた。鴨長明『方丈記』の無常観や、災害をメシア（ミロク）による世替わり・生まれ変わりととらえる富士信仰や鹿島信仰があった（宮田　1975）。寺田寅彦は、近代西洋科学の限界を批判し、天然の無常から学ぼうとする日本文化を評価し、災害を忘れて暮らす近代社会こそが災害に弱いと喝破している。和辻哲郎は煩悩即菩提として、台風惨禍のなかでの人々の結びつきを評価している。

　災害時には、2つの相反する社会行動が現れる。パニックによる異常行動とともに、助け合いのユートピアが一時的に表れる。日本では災害時に秩序良く支え合う傾向が目立ち、阪神淡路大震災や東日本大震災の民衆行動が世界中で賞賛された。相互の助け合いは、再生に向けた前向きの動きとなり、さらには、外部からのボランティアも関わり、新しいネットワークや組織が生まれる。阪神淡路大震災の1995年はボランティア元年といわれ、NPO発足の契機であった。しかし、ユートピアは長くは続かない。震災周年ごとにネットワークを確認するため、市民防災フォーラム、iウォーク（ウォークする市民が市民活動に寄付する仕組み）などがおこなわれ、市民が市民活動を支える基金が立ち上がった（市民基金こうべ）。これらの活動は、被災した郷土文化への憧憬と郷土愛着によって始まった動きであったが、阪神淡路大震災の復興活動は、災害救援NGOや外国人支援、防災まちづくり、市民活動のネットワークとして、以後の被災地、中越、台湾、トルコ、熊本、そして東北への市民連帯へと展開した。

　近代日本は文明開化・富国強兵で駆け抜け、その到達点の1923年、関東大震災が発災した。関東大震災では、今和次郎はバラック装飾社を作り、被災者の暮らしをスケッチし考現学をはじめた。北原糸子は、関東大震災の対処で、医療や義捐金、ボランティアが活躍し、政治混乱が復興を阻害したと、被災者の生活、行動、意識から現在的課題を提出した。北原は『災害と千年王国』『地震の社会史』『日本震災史』『日本歴史災害事典』『津波災害と近代日本』な

どで、日本の災害史をリードした。

　関東大震災後の日本は、戦争、空襲・原爆被害という惨禍のあと、右肩上がりの経済社会を復興させ、その到達点、バブル崩壊のなかで1995年の阪神淡路大震災が発災した。1995年の大震災では、NGO歴史資料ネットワークによる歴史資料保存学が起こった。また兵庫県がたちあげた「人と防災未来センター」では、防災研究や震災資料保存がすすめられた。震災復興では（『阪神淡路大震災の社会学』『3.11以前の社会学—阪神・淡路大震災から東日本大震災へ』『神戸—震災を超えてきた街ガイド』など、防災学や社会学・民俗学の成果が目立った。

　歴史研究でも1995年以降、着実に災害研究が伸展し『仙台平野の歴史と津波』『津波てんでんこ』『三陸海岸大津波』が著され、防災計画・防災教育などでの活用が期待された。2004年の中越地震では、山古志村の民俗文化と復興について、新潟歴史博物館「越後の錦鯉と角突き文化」の企画展示があった。

　長期低成長のなか、2011年、東日本大震災が発災した。私たちは災害列島に生きる覚悟と生き方をその歴史の深みから再検討せざるをえなくなった。歴史研究者は連携し歴史研究の使命を模索した（「東日本大震災と・福島事故と歴史学研究」『歴史学研究』第909号）。こうしたなか、自然・地球や災害を視野に入れた『中世災害・戦乱の社会史』『災害の地理学』『震災・核災害の時代と歴史学』『「3・11」と歴史学』が著された。国立歴史民俗博物館は『被災地の博物館に聞く』を取りまとめ「歴史にみる震災」展を、大阪歴史博物館は「大阪を襲った地震と津波」展を催した。また東日本大震災でも市民社会形成の基礎学として『大震災と歴史資料保存』『災害アーカイブ』が著された。

　歴史学も、阪神大震災の記憶、東日本大震災の経験から、何のための歴史学研究、何のための文化遺産か、郷土を研究し知らせる意味が、今、問われている。それは、災害や戦争に対するモニタリング（危険、課題を知らせる）という側面のみならず、より良い郷土を歴史の深みから内発的に考える郷土づくり・

まちづくりの側面を持つ（『地域からつくる内発的発展論と東北学』）。関東大震災、阪神大震災、東日本大震災や戦争禍を経て、今日では、系統的な歴史の郷土的側面を紹介し楽しむだけの郷土史研究ではすまされない。郷土史研究者は研究のみならず、大学・小中高校、海外を含めた他の地域と連携し、その成果を「歴史探求」「防災教育」など教育活動で伝え、福祉・防災・都市計画などのまちづくり実践で活用することが求められている。

　本書は、日本の災害文化のなかから生まれた歴史民俗研究の一つである。

1—8　地域文化の復興

震災ユートピアと自立市民文化

　震災から3-6カ月くらいまでの被災地は、満員電車のなかで泣き叫ぶ子どもを皆が気遣ったり、「がんばろう神戸」の言葉のもと、皆が心を寄せ合う気風があった。これは災害ユートピアと呼ばれるもので、ライフラインが寸断された1000時間におきる（北原糸子　2006）。災害に比される世の終末に、弥勒が下生し未来「千年王国」が開けるという考え方もある（バークン　1985）（宮田　1975）。災害における支えあいと愛着心、新文化創造を暗示している。

　それまで行政依存の強かった市民が、震災後、一定の行政不信・批判をはらみつつ、自らの町は自らが支えるという自立意識が生まれた。多様なNPO・NGOの活動はそこから起きた。震災ユートピアは時間とともに消え変化するが、「市民基金こうべ」のような、市民活動を支える市民活動（中間支援）が生まれ、それが地域文化の発掘、継続を支えている。震災から生まれた、ふるさとに対する愛着心、支えあいと市民自立こそが、地域文化復興の通奏低音である。

地域文化の再発見

　こうした、震災から生まれた愛着心・連帯感と自立心から、特色ある学術活動と地域文化発掘があった。

　一つには、被災古文書資料等の飛散を防ぎ、保存に関わった神戸大学・尼崎市立地域研究資料館などの歴史資料保全情報ネットワークの動きである。そ

れは、2004年の台風23号水害における水損ワークショップに展開している。

　もう一つの発見は、これまで何気ないと思っていたふるさとの景観、暮らし文化が、被災を経て愛おしく、大切に思えてきたことである。鎮守の大木、瀬戸内の夕陽、淡路の棚田、山並みに横たわる市街地、モダンな洋館、長屋の地蔵さん、市場、大衆演劇の小屋、市街地の鉱泉や門前町などが、震災を経て、改めて伝えたいと思うようになった。失われた、または大災害でも残った暮らし文化が、こよなく大切だと再発見された（兵庫県都市整備協会　1999）ことである。

地蔵盆

　なかでも、大きな火災と多数の犠牲者を出した長田区をはじめとした地蔵盆復興の息吹は、特筆すべき地域文化の再発見であった。かつて、神戸の下町の長屋では、子どもの安全と成長を願って路地に地蔵を祀り、8月23日に地蔵盆をする。個々の家で錦糸卵、干瓢煮、人参煮などを別々に調理し、それらを五目寿司にして供え、皆で共食した。空豆も供えていたが、いつしか豆菓子、駄菓子となり、子どもたちにお下がりが供された。地蔵盆の夕、子どもたちは、健康を願い、七とこ詣りと称し、七カ所の地蔵を巡る。夏休みの最後の児童の楽しみは地蔵盆であった。ところが下町では、地蔵盆を担う者が高齢化し、路地コミュニティではなく、特定の熱心なおばあさんが維持する傾向が強くなっていた（森栗　1996）。

　震災はこの木造長屋と地蔵に大きな爪あとを残した。ところが、被災した地蔵を掘り起こし、焼け跡のなかで地蔵盆をしようとする人々がいた。仮設住宅に持ち込んだ地蔵を、地域のふれあいの核とする動きがおきた（森栗　1998）。

　地蔵祭祀については異論もあったが、地域の慰霊として共同再建住宅・共同再建商業施設の共有地等に置き、地域活動を展開している。地蔵盆が下町長屋の都市民俗から、震災を経て、震災復興のコミュニティ核に変化した。

市場と食事

　都市下町では、市場で調理食を買い求め、食を共有することが生活文化であった。そば飯は、男も女も働く暮らしのなかで、地域のお好み焼屋に冷や御飯を

持参し、おいしく食べる知恵であった。震災後、多くの市場商店街が被災し閉鎖された。長田区の丸五市場は、大正以後の廉売市場から出発し地域生活の核であった。震災では被災しなかったが、近隣の再開発がすすむにつれて空き店舗が半分を越え経営は厳しくなった。しかし、外国籍住民が多い地域特色を活かし、ビルマカレーや中国ワンタン、琉球砂糖黍（きび）の店などが入り、周辺のキムチ店・ぽっかけコロッケ店と連携し、アジアまるごと市場として健闘し、人気を得ている。

　一方、被災した東灘区の新甲南市場は、自分たちの市場は自分たちでと動き、新しいスーパーとして共同再建している（都市問題経営研究所　1998）。被災のなかで、商店主も顧客も、市場のある暮らし文化の価値を再発見し、一致した動きがあったからこそ、再建できたのである。

地域文化の創造的復興

　以下、震災以後の多様な市民活動を列挙する。

■ JR 福知山線脱線事故での危機対応市民文化

　2005 年に起きたJR福知山線脱線事故では、震災後、災害時リスクマネージメント対応を詳細に決めていた日本スピンドル社、尼崎市中央卸売市場内事業者等、30 社 400 人が 20 分後には救援に向かった。就業中の従業員の率先した救命活動、救急のトリアージ、500 人を超える負傷者のトラックによる搬送など、震災を経て地域に根付いた救急文化、緊急時支援文化が、役割を果たしたといえる。

■ 新しい減災の研究教育

　震災と復興まちづくりをきっかけとして、神戸大学大学院に市民工学専攻、および都市安全センターができて、被災体験を活かした防災研究が進展した。また、関西学院大学では、災害復興制度研究所ができ、大阪大学コミュニケーションデザイン・センターには減災部門、関西大学に社会安全学部、神戸学院大学現代社会学部に社会防災学科ができた。また、県立舞子高校にも環境防災科ができた。

■ 住吉台くるくるバス

　震災当時、旧市街地で被災し住居を失った独居高齢者（または高齢者世帯）にいかに居住を保証するかが大きな課題であったが、旧市街には充分な土地がなく、多くの高齢者は郊外の仮設住宅に引っ越さざるを得なかった。しかし、病気等、とくに市街地に居住が必要な高齢者には、優先して旧市街地空き家を提供した。東灘区では公営住宅に空き家はなかったが、県営住吉台住宅のみ空き家が残っていた。行政は、郊外での居住が困難な高齢者を優先して、東灘区の県営住吉台住宅を斡旋した。

　ところが、住吉台はバス停から急坂・150段前後の急階段を昇ったところにある。入居した高齢者から、団地の前までバス路線が欲しいという声は切実な問題となっていった。

　1970年頃開発された住吉台は、見晴らしの良い高台で、バブル期は高級住宅地も県営住宅に隣接して開発され、複数台の自家用車があれば便利な住宅地であった。県営住宅周辺も含めて住吉台には、狭い道路の両側に、昼夜を問わず青空駐車が重なっていた。強固なクルマ依存のなかで、高齢化がすすむに従いバスが欲しいという要望はあったが、10年来捨ておかれていた。

　しかし、被災高齢者の困惑を前にして住民が動き出した。ちょうど、震災後、移送サービス「小旅」を支援していた（特）コミュニティサポート神戸が、住吉台住民を支援し、バスを求める声が大きくなっていた。そして、内閣府の都市再生モデル実証実験を経て東灘交通市民会議ができ、住民・事業者・学識等の協働した動きを区役所等が支え、「住吉台くるくるバス」が補助金なしで本格運行し、今日、黒字運行を続けている。その動きは、くるくるバスを守る会に引き継がれた（森栗　2007）。この自立的協働の動きは、地域公共交通の活性化と再生に関する法律の参考事例となっている。くるくるバスも、震災から生まれた自立市民文化なのである。

■ 震災体験現地交流プログラム

　まちづくりのプロセスから生まれた、交流型ツーリズムも震災から生まれた市民

文化である。

　（特）神戸まちづくり研究所は、震災直後から多くの大学やジャーナリスト・政治家、市民の被災地見学会、研修を有償で受け入れていた。無償だと、研修動機が軽く、その対応で疲弊してしまうからだ。その動きを修学旅行に組み込んだ。問題意識の高い外部の視点は、復興まちづくりにおいて思い通りにすすめない市民にとっては、大切な交流機会であった。とくに子どもたちの視点が入り、市民まちづくりを活性化した。

　新長田地区の商店街に修学旅行を迎え、商店街・福祉団体・防災組織、まちづくり協議会等の協力を得て、15 人単位で多くのプログラムを有償で用意した。有償にすることで、申込者の交流意識・震災学習の意欲の質を担保し、受入れ事務など事業の持続性を保証した（森栗　2004）。

　この動きは、野田北部、御蔵（まちコミュニケーション）、北野工房の家、旧葺合地区（渚、吾妻、若菜、雲中、宮本、えんぴつの家、中央むつみ会、ものづくり大学）、灘区（岩屋、河原、高羽）に波及し、2011 年東日本大震災以降まで継続していた。

　内容は、交流を意図して、防災救命活動の体験、福祉活動の体験、災害の語り合い、被災紙芝居、炊き出し体験、まち歩きなど多様である。

　このように多様な文化創造が震災後なされたが、地蔵・長屋も、震災復興まちづくりのプロセスで再発見された地域文化の一つである。

2章

京阪神・兵庫県の
地蔵信仰

2−1 東の稲荷、西の地蔵

　京阪神で一般的な、町内ごとの地蔵は東京にはない。巣鴨のとげぬき地蔵のような地蔵寺院はあるが、路地ごとの地蔵はない。東京では「江戸屋稲荷に犬の糞」といわれ、各町、街角には地蔵ではなく稲荷が多い。

　一般的に、稲荷は稲を荷う農業神が商業神に発展して、全国にひろまったといわれる。しかし、稲荷には土地を固める意味もあるようだ。大分県臼杵市下南に稲荷堤があり、広島県三次市稲荷町は江の川の堤防に祀られた稲荷に由来する。神戸市兵庫区の旧湊川堤防上にも松尾稲荷が祀られ、かつては福原遊廓の遊女の信仰が厚かった。京都の伏見稲荷では、土人形がお土産になっている。祇園祭の先頭を行く長刀鉾の薙刀を打ったといわれる三条小鍛冶宗近は、伏見稲荷の相鎚で一条天皇に献上する刀を打ったと、能の「小鍛冶」などで語られるのも、鍛冶の焼入れのときの温度調節のための土置きに都合の良い粘土が、伏見で採れたことに由来する。稲荷は「土を固める」意味、ひいては地盤を固めるための屋敷神と考えられ、江戸の屋敷地や町角に祀られる。

　江戸は、谷や沼・入り江など、凹凸が激しい地形を埋め立て整地して建設された。土地をつき固め、それを守護する地主神として稲荷を祀った。土地を固める稲荷は、商売繁盛にも都合が良かったから、ビルの上にまで稲荷が祀られるようになったのである。

　一方、地蔵は、民間信仰では賽ノ神と同体だと理解されている。賽は「境目」であり、物事の決断の分かれ目、運の分かれ目である。サイコロ博打の「サイ」である。仏教的には、三途（地獄、餓鬼、畜生）を輪廻する人間は、死に臨んで「三途の川」を渡る。地蔵菩薩は、あの世とこの世の境目、三途の川の賽（さい）の河原にいて、閻魔王の裁断によって地獄に落ちようとする人々を浄土に導いてくれると説かれる（源信『往生要集』10世紀）。平安末の末法思想、浄土教の流行によって庶民にも地蔵人気が沸騰した（11世紀、『今昔物語』）。（速水侑1996年、113-125）。あの世とこの世の境界（サイ）にある不安定な子どもの魂は、「子守地蔵」によって守られると理解された。

30

　地蔵が京都で定着したのは、中世の六地蔵（京の6つの入口の賽に祀った）信仰以降である。その地蔵を、町内ごとに祀るようになったのは、応仁の乱後の都の再生、豊臣秀吉のお土居構築で囲った市街地の区画の確定、寺院の都市周辺への移転以後、すなわち近世都市京都の再建以後である。時代は下って、近代都市の発展に際して、大阪、神戸でも地蔵が広がった。

　入り江が多く、その入り江を埋め立てた江戸の町が、稲荷で個人の屋敷地を鎮め、稲荷を屋敷守護の神としたのに対して、京都には最初から屋敷地があったので、土地を固める稲荷は必須ではない。近世京都の都市再生は、地面に境界を画き、町を確定し、サイ（境界）を確定する地蔵を祀ることから始まった。地蔵は、いわば近世の京都復興都市計画における区画整理事業の両側町ごとに祀られたと考えられる。結果、京都では地蔵のもとに道を挟んだ両側町の共同の暮らしがあり、地蔵盆の縁日に町の寄り合いがあった。一方、江戸の「向こう横丁」の長屋では、個人としての大家が地固めのために「お稲荷さん」を長屋の奥に置いた。もちろん、大坂（近世以前をさす場合の表記。近代以降は、大阪と表記する）でも長屋の奥に、地蔵だけでなく、稲荷を置くこともあった。

　高度経済成長期、近代都市神戸の商工混住地区の神戸市長田区菅原4丁目では木賃長屋が密集し、1ブロック（約1ha）に200〜300人の子ども、20の地

図5　地蔵盆の提灯を吊るす（東灘区住吉南、2000年）

蔵があったといわれる（森栗　2005）。木賃長屋とは、資本力がない庶民のための、簡易な木造賃貸長屋のことである。地蔵は「子どもの守り神」といわれ、7月24日（旧暦に準じて一月遅れは8月）が命日である。その前日（宵宮）の23日の夕、各長屋の路地住民が地域で生まれた子どもの名前を書いた提灯に明かりをともし、バラ寿司（チラシ寿司の京阪神での異称）などを共同で作って供えた。陽が落ちると、町中に御詠歌と叩き鉦が流れるなか、子どもが地蔵さんの供物（菓子）のお下がりを求めて、一晩中、卍印の提灯を巡る。

2—2　京阪の地蔵盆

　京都の地蔵盆は、町内ごとに祀られた地蔵さんを飾りたて、町内の子どもが集まり、大きな数珠を持ち出して、「これはこの世のことならず／死出の山路の裾野なる／西院の河原の物語／聞くにつけてもあわれなり」（「西院河原地蔵和讃」）と唱えながら、大きな数珠を皆で回す百万遍がおこなわれる。その後、みなで飲食をしたり遊んだりして、お菓子を授かる。

　大きな数珠くりは、大阪、神戸でもあったようだが、市街地の長屋の地蔵盆にはほとんど残っていない。神戸市東灘区西青木の旧集落や明石市本町、大蔵谷などでは、地蔵講があって、大数珠くりが残っている。

　地蔵盆の起源は、六地蔵巡りにあるといわれる。『山城四季物語』（1674［延宝2］年刊）の7月24日條には、六地蔵詣りの人々に、村では接待所を作り、子どもは村の石仏を集めて白塗りし、地蔵祭をしたという。京都の年中行事をまとめた黒川道祐撰『日次紀事』1685（貞享5）年7月24日の條にも「洛下の児童はおのおの香華を街の衢の石地蔵に供養してこれを奉る」とある（山崎　2000、12-13頁）。

　江戸時代、滝沢馬琴は『覊旅漫録』に「七月二十二日より二十四日まで、京の町々では地蔵祭りがある。一町一組の家の主は年寄りの家に幕を張り、地蔵菩薩を安置し、いろいろの供え物を飾り、前には灯明、提灯を出し、家の前には手摺をつけ、仏像の前に通夜をして酒盛りをしながら、遊んでいる。生け花、花

扇かけ、その他器物を集めて、種々の品を作って家ごとに飾って置く町内もある。一年の町内の取り決めも、この日にするという」と記している（現代訳は [田野登『大阪のお地蔵さん』1994、32] による）。

こうした地蔵盆について、山崎は「そこかしこの地蔵が、子どもをまもってくれていると、拝んだ経験」（山崎　2000、16）から「地蔵盆が、大人が地域に戻ってくる時であり、近所付き合いを再確認する場である」（山崎　2000、17）と考えた。近年では、京都では団地でも地蔵盆をするために、地蔵をお寺からレンタルして地蔵盆をする。

大阪の昭和 25、6 年（1950 〜 51）頃の地蔵盆は、夜通しで地蔵さんの番をした。一人のお婆ちゃんが三味線を弾いて、一軒前（戸ごと）にひとりは出て、地蔵さんの前の道路で踊った。「トッテラチンチン、それきたチンチン、凧揚げて…焼き茄子…」と歌いながら踊った。地蔵盆は複数日祀り、最終日の 24 日は変装して踊った。うどん屋の奥さんがお白粉を塗って男役をし、私は女房役だった。大人たち、男女が、へそを出して踊った。地蔵盆の晩に、女性が男装をしたり、男性が女装をする乱痴気騒ぎがあったという（田野　1994、5-13）。

大阪市弁天町駅前の波除地蔵尊は飲食店街の「波除老人いこいの家」の建物外壁に外を向いて埋め込まれている（第 8 章で述べる）。ここでも地蔵盆をする。近所の住民、お店が各 3000 円程度や菓子などを供え、テントを張り出して実施する。赤い丸い提灯を道路に吊り渡しテントの中に子どもの名前を書いた提灯を吊る。昔は、22 日に準備し、22 日の夜、23 日の夜と盆踊りをし、24 日の昼に御詠歌をあげて終わった。数珠回しはしない。町内安全を願った。特別な供え物はないが、市岡のほうではバラ寿司をお接待として出しているようだ。

波除地蔵は、もともと、港高校近くの馬小屋の近くにあった。現在地には、木製の空襲供養塔があり、1952 年に、地蔵さんが空襲供養塔の横に移動してきた。1965 年に、0m 地帯である港区の地上げ（嵩上げ）をしたとき、現在地に移転した。1971 年に老人いこいの家ができたので、その建物に地蔵を埋め込んだ。

2—3 京都・大津の地蔵と大阪・神戸の地蔵との相違

表2 神戸・大津の地蔵の違い

	神戸の地蔵	大津の地蔵
祀り始め	近代 個人、家主の思い（場合により拝み屋さんの託宣から）	18世紀後半 町衆の寄付、連動する町民
基本的な祭祀主体	隣保、近隣有志	自治会
仏像	新しい石像、陶器、五輪塔	阿弥陀レリーフ石造の転用、木造
お接待	地蔵をめぐる	なし

ここで少し話題を転じたい。

関西は地蔵信仰が熱心である。街中に祀られ、8月23〜24日頃、地蔵盆がおこなわれている。神戸でも、1月17日の震災直後、被災者は、自らの住まいもままならないなか、街中の地蔵を祀ろうとした。私は、長屋コミュニティの地蔵という観点から、解説したことがある（森栗 2002）。

しかし、そこで解説した長屋コミュニティは、近代の「長屋的なるもの」が多い神戸（大阪を含む）の、長屋隣保ごとの「そこはかとした共生」であり、京都・大津の町家の人々が、町内単位でおこなう地蔵盆とは異なる。

前者は、近代に入って、長屋の大家や、個人的な事情を持った人々が、拝み屋さんの託宣で祀りだしたようであり、後者は、18世紀後半（大津では）に町衆が仏像を寄付して始まったものもある。神戸の場合、ほとんどが石像、または陶製像であるが、大津では、木質漆器像もあると聞いた（大津については［O2O3の会地蔵プロジェクト 2004］、詳細未調査）。子どもが、お下がりのお菓子を求めて次々に各地の地蔵を巡る（「お接待」）風習は、四国出身者が多い神戸ではあっても、京都・大津では、子どもが地蔵を巡ることはなく、町会ごとに地蔵盆に参加する。

これは、長屋を中心とした町が連接する近代都市と、古い町家を中心とした町衆都市との違いであろう。長屋的コミュニティと、町衆的コミュニティとは、どちらも

コミュニティとはいうものの、その意味するところは異なる。京都・大津が町家に住む町衆自治を基礎とした町家共同体であるのに対して、大阪・神戸は異なる文化背景を持った借家人の長屋隣保におけるつながり、長屋共同体である。京阪神の地蔵には、「町家共同体」の地蔵と「長屋共同体」の地蔵が並存している。

2—4　兵庫県などの地蔵盆

　大阪のように地蔵盆の夜に、仮装をおこなうことは、西日本に多い。山口県豊北町粟野浦「汗かき地蔵」では、毎年8月24日、石造の地蔵仏の前で盆踊りがおこなわれる。昔、粟野浦に雷が落ちて大火事になり、大勢の人が亡くなって、その供養のためにこの地蔵が祀られたといわれる。天気のよい日に、この地蔵の顔や胸などが汗をかいたように濡れたときには、不吉なことが起こるともいわれる。地蔵盆の当日、朝から地蔵様をきれいに掃除し、花を供える。午後に法要がおこなわれ、夕方から、近所の人達が各々に、菓子や果物などお供えを持ってきて詣り、お詣りがすんだ人は、他の人がお供えしたお下がりを持ち帰る。昔はオハギやシオダンゴなど自分の家で作ったものを供えた。

　夜には地蔵様のある通りに、かき氷や焼き鳥の屋台が出され自治会、粟野発展クラブ、子ども会などを中心として、口説きと太鼓に合わせて輪になって、盆踊りがおこなわれる。昔は粟野では廻船業に従事している人が多く、この地蔵盆には皆家に帰って来て、男の人は女装など仮装し、班（隣保）で対抗して踊ったり、浦全体で盛大に地蔵盆がおこなわれた。粟野は廻船の港というから、この地蔵盆も上方の影響による町の民俗であろうか。

　兵庫県でも同様である。兵庫県明石市魚住では「24日　地蔵盆、盆踊　この日は夜にかけて地蔵祭をした」（魚住村誌編纂委員会　1957、407）とある。丹波では、「多紀郡丹南町古市　8月24日　地蔵盆　愛宕火祭」「氷上郡氷上町成松　8月23、24日　愛宕社二十三夜待」「氷上郡青垣町佐治　8月23、24日　地蔵祭」「朝来郡和田山町　8月23日　地蔵祭　四十八夜念仏」などがみられる。いずれも旧山陰街道沿いの駅宿であり、街道に沿った店の一つ

表3　兵庫県の地蔵盆

	日	数珠くり	造り物	盆踊り	地蔵盆	万灯	六地蔵巡	七墓巡	飯
神戸市東灘区住吉町		○	○						
神戸市灘区大石町			○						
小野市山田町	24			播州音頭					
加東郡東条町秋津				○					
加古川市平岡町西谷					新仏供養		○		
高砂市曽根町				○					
飾磨郡夢前町神種	24夕			○					
飾磨郡家島町坊勢				○					
宍粟郡一宮町					送り盆	愛宕			
宍粟郡波賀町	24			○	24日盆	○			
宍粟郡千種町西河内						○			
佐用郡佐用町						火神			
丹南町古市	23	○	○		地蔵盆	愛宕			赤飯
丹南町石住					送り盆	○			
氷上郡氷上町小野							○	○	赤飯
氷上町成松		○	○			愛宕			
青垣町平野	24朝								
青垣町佐治	23夕	○							
青垣町東芦田	24	○							小豆
生野町上生野					盆火				
和田山町	22	○							
養父町餅耕地	23			○					
関宮町出合	24夕			○					
但東町中山				○		○			
豊岡氏日撫					愛宕				
日高町広井				○	愛宕				
竹野町床瀬				○		○			
西淡町湊	23			地蔵踊	盆火				
西淡町	23				盆火				

を開放し造り物をする。古市、佐治では、町内ごとに、雑穀乾物ずくし、漆器と陶器、空缶と空瓶などで「恵比寿の鯛釣り」「八岐大蛇」「竹田城跡」「竜安寺石庭」「蜘蛛と蝶」「雪だるまと灯篭」「岩山の鷲」「空中回転棟」「怪獣」などを、電飾をつけて夜まで展示した（喜多慶治　1977、478）。同様の造り物は、神戸市東灘区住吉でもあった。住吉町呉田では、本通にたくさん造り物をし、延命地蔵堂で盛大な詠歌踊りをした（谷田盛太郎　1946、1190）。神戸市灘区大石でも地蔵の前に小屋をつくり「線香、線香、線香、地蔵さんのおろうそくは、24 灯で献じられます」と唱え供養する。その前の家では、硬貨や空箱を使って浦島太郎などの作り物をした。加古川市平岡町西谷では、新仏のある家が集まり地蔵を祀り、お供えのせんべいを子どもに配る。3 年間、毎年この日に六地蔵にまいる。子どもは紙袋をもってついていくという（神戸新聞学芸部　1971、250）。

　京都市内の地蔵盆は、24 日に町内で数珠くりをして町ごとに祀った。防火を願う愛宕火との習合ともいわれる（『日本民俗大辞典』）。兵庫県下の地蔵盆は、この京都の地蔵盆の要素を持つものが多い。近代都市神戸の地蔵盆も、京都の町の地蔵盆の影響を残しているが、近代都市の成立状況によって、異なる特色を持つ。次章で考察したい。

2—5　神戸周辺の地蔵盆

尼崎、西宮

　地蔵盆は 8 月 23、24 日にする。地蔵さんめぐりといって、子どもがお下がりの菓子を求めて巡る。尼崎の西本町 7 丁目では、個人の蔵の横にあった地蔵を 24 日に祀る。西本町 6 丁目は 23、24 日祀るが、子どもが少なくなったので、お菓子を配ることはしなくなった。

　西宮の久保町では、23 日にテントを出して、近所の人で御詠歌をあげる。東口地蔵は阪神西宮東口駅の踏切事故の供養、事故防止のために、ヨコミチの踏み切り脇に 1952 年に祀られた。六堪寺では地蔵盆に大きな数珠回しをし、盆踊り

があった。地蔵のテントは、チョウグラ（町蔵）に収納した。お供え料理を作る事はない。23日に子どもの地蔵巡りがあり、24日にお寺さんに参ってもらう。子どもの名前の書いた提灯を奉納する。赤い卍の提灯はしない。8月6、7日に東川下流の土手で町の盆踊りをするので、地蔵盆で盆踊りはしない。

明石

・中崎地蔵（相生町）

城下町の西の松原、明石遊園にある。昔、Aさんの父が左官で、有栖川別邸（現舞子ビラ）に仕事に行くとき、狩口の浜に牛があがる程の浪が来た。そのとき、地蔵を拾ってきた。石の祠を彫って地蔵を安置し、女性たちが頼母子講を組んで資金を融通して守ってきた。昔は子どもが多く、テントを新調した。そのうち、近くの明石港の船溜りから出た一石五輪搭や、他人がもってきた地蔵さんを横に祀るようになった。

23日にテントと提灯をはると、子どもが接待に回る。24日朝、再び子どもが接待に回る。お菓子以外にアメ湯を出す。

・子育地蔵（本町）

港に近い、本町1丁目の子育地蔵は、昔は浜にあって、道を広げるときに、Ko炭店横に置いた。道具類もKo炭店の倉庫に保管している。花換え・掃除は、7軒（Ko炭店、O美容院、M魚小売店、Y馬力［今はタクシー］、Ka表具店、W魚卸店、Ki魚卸店）（今は6軒）で地蔵盆の当番をまわしている。日常のお茶やごはんのお供えはKoがする。献花・掃除は、七軒の交代当番でしている。

23日夕方に、子どもにお接待をし、坊さんに経を読んでもらう。19時頃から西国三十三所の御詠歌をカネ・木魚であげる。20〜21時、明石音頭、炭坑節、河内音頭、Q太郎音頭などで踊る。警察から21時に終わるようにいわれている。

24日朝は子どものお接待はできない。七輪で餅を焼き、古い釜で塩味の番茶をつくり、大豆を煎る。これで豆茶をつくりお詣りの大人に接待する。路地に大型麻袋、その上に花茣蓙（ござ）を敷き、24日15〜16時に数珠くりを「南無阿弥陀仏」

図６　明石本町の地蔵盆の数珠くり

図７　餅が入った豆茶

と唱えながら、数珠が切れるくらい100回まわす。カネをたたく導師役は炭屋の親父。数珠を回すのは、近所のお婆さん3人、近所の母親4人、子ども4人ほどである。わきあいあいと雑談しながら拝む。

・林崎

　8月23、24日　林崎の町内ごとに地蔵があり、当番が世話をしている。8月22日から地蔵盆の準備をして、23日は朝、子や孫の名前を書いた提灯を持ち寄って吊るす。念仏講の婦人たちが数珠繰りや、念仏をあげる。24日は朝6時ごろから詣ってくる子どもたちにお菓子を配る。これをオセッタイという。初盆の家は、3年間は地蔵盆に詣るのがよいとされ、大人も大勢詣る。自分の町内だけでなく近隣の町内、また遠くは八木や船上の方まで回る子どもがいる（明石市立図書館 郷土の記憶デジタル版「明石の漁村」）。

・大蔵本町

　200戸ほどの町に数カ所の地蔵があった。地蔵は隣保で祀る。地蔵盆では子どもの名前を書いた奉納提灯を吊るす。震災後、町並みが歯抜けになり、祀る人がいなくなった地蔵は、大蔵院や大徳寺など近所の寺に納め

図８　明石市本町の地蔵盆

39

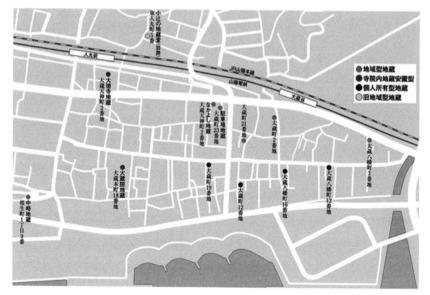

図9 明石市大蔵谷の地蔵盆（明石市立図書館「明石の宿場」より）

られた。

　23日の（西国三十三所観音巡礼）御詠歌の後、子どもがお米かお賽銭を持って拝みに地蔵を巡る。遠い所から自転車で来る子もいる。23日は各家で具作りを分担して、隣保でバラ寿司を作った。10年位前までは、23日夜に地域の婦人たちを中心に数珠繰りや、お念佛をあげた。大蔵中町では盆踊りをした。昔は、林崎や舞子の地蔵さんでも23日に盆踊りがあり、夜通し踊ったと聞いている。

　24日早朝も、子どもの地蔵さん巡りがある。地蔵さんめぐりに来る最近の子を見ていると、親が浴衣の着せ方も知らない。地蔵盆を主催して、生活には年寄りが必要だと感じたという。

　翌24日朝も、お供えのお下がりを子どもたちに配った。配られるお菓子は、供えられた炭酸煎餅、ラムネ菓子などである。それも、高齢化と少子化の影響を受け、ほとんどの地域が23日夜だけの行事に短縮された。

　大蔵院では、3年前までは観音講の婦人たちがお経をあげ、24日の朝に子どもたちにお供えを配っていたが、2年前に大蔵宿場町の山側の「小辻の地蔵堂」

を祀る人がいなくなり、地域からお地蔵さんを預かって境内に安置してから、23日夜に子どもたちのお詣りを受けている。大蔵院も大徳寺も「（お寺では）地蔵盆用にお菓子を買うために数に限りがある」という。地蔵盆には地域によって、その年に初盆を迎えた家は地域にある6カ所のお地蔵様ともう1カ所、他所のお地蔵様を回るという信仰がある（回るお地蔵様の数は多様）。

図10、図11　明石市大蔵谷の地蔵盆（明石市立図書館「明石の宿場」より）

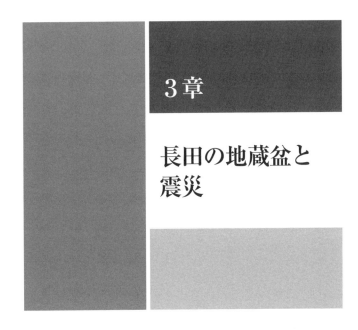

3章

長田の地蔵盆と
震災

震災時の地蔵盆について、町の地蔵を熱心に祀ってきた神戸市長田区の、人々の語りを拾った。地蔵は街頭にあるため、地域の変化に対して安置場所の対応を求められる。地蔵は都市の開発、都市計画と、人々の暮らしとのかねあいで存在する。震災で全焼、倒壊した地域は、震災後、復興都市計画事業に指定された。都市計画は被災地の復興には必要だが、都市計画が必ずしも人々の暮らしを支えるとは限らない。再開発に指定されたために、高層ビルで立派になっても、住み続けることが困難になった借家人もいれば、区画整理事業によって、地蔵の置き場に困る場合もあった。従来の地蔵は、路地（私道）の住民の合意（または、それを代表する大家の意志）を得て、私道上に安置されてきたが、都市計画施工後は私道がなくなり、自動車が通過できる4m以上の幅の公道になると、地蔵の置き場所が難しくなる。また、公共地、共有地に安置するとなると、宗教施設である地蔵の安置について、多様な信条を持つ住民の全体合意を得るのは、難しい課題となる。

　また、被差別部落など簡易な住宅（バラック）が密集していた地区は、住民の住居を改善する目的で住宅改良事業として市営住宅が建てられる。改良住宅では従前居住者の権利を認めて、安い家賃で入れる。震災はこうした改良住宅の町も襲った。その場合の地蔵は、改良住宅（市営住宅）に移ったのであろうか。公営住宅であっても、地蔵は祀れるのであろうか。

　そこで、区画整理事業（3-1）、再開発事業（3-2）、再開発事業地区周辺（3-3）改良住宅事業（3-4）、およびその他（3-5）、に分けて、地蔵と地蔵盆の動向をまとめた。

3—1　区画整理事業地区の地蔵

　長田区には、新長田駅北、御菅東、御菅西、鷹取東第一、鷹取東第二の震災復興区画整理事業地区が設定されていた。新長田駅北地区は59.6ha、被災前は7,587人、2,217棟があり、80％の消失率であった。御菅東、御菅西地区は、あわせて10.1ha、1,872人、854棟があり、被災率がそれぞれ、92％、83％であった。

鷹取東第一は、8.5ha、2,051人、550棟があり、97%の被災率であった。鷹取東第二は19.7ha、3,698人、1,196棟。91%の被災率であったが地蔵調査をおこなっていない。地蔵調査は、事業周辺地区を含めて報告している。

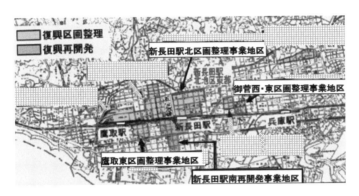

図12　本章でとりあげる長田区の震災復興都市計画事業地区
（久保光弘「住民主導まちづくりは、複雑系」『都市環境デザイン会議関西ブロック2003年度第7回都市環境デザインセミナー』http://web.kyoto- inet.or.jp/org/gakugei/judi/semina/s0308/index.htm　に加筆）

新長田駅北地区東部まちづくり協議会における地蔵さんの現状と今後（2000年調べ）

　該当地区は、住工混合地区であり、1970年当時は推定35、神楽3丁目だけでも4カ所、地蔵があった（未確認）。1995年当時は地蔵が16あったが、震災で10になり、うち地蔵盆ができるのは6カ所となった。将来的には、区画整理後の町の道路モニュメントとして、地蔵を1つでも残したいと、まちづくり協議会では考えている。

・□□通□丁目の子安地蔵

　地震のとき、お父さんが6カ月の赤ん坊を抱いて飛び出したが、埋まった人を助けようと、加勢を呼ぼうと（近所に出るために）赤ん坊を玄関に置いて出た。そこに余震が来て赤ん坊が埋まり、近所の人は助けたけども、子どもは死んでしまった。その後、火がまわってきた。自宅が消失したので、両親は避難しているが、地蔵は長く放置されていた。長い間、ずっと、壊れたままのテレビの箱に（地蔵）が入っ

ていたが、このように（地蔵の）横手も修繕して戻ってきた。かわいそうに、（亡くなった子は）初の地蔵盆やったのに……（親は）気持の整理がついたんやろうか、地蔵盆をするみたいだという。地蔵盆直前に祠を修理し、いくばくかの供え物をしてました。しかし、お菓子の接待はできず、小さな提灯1つがついている。

　翌、1996年も、朝方、花のみを供え、供物を置いて帰った。近所の（家を）再建した人も気の毒で声もかけられないという。供物は、トラの足型コップに水、「子どもたちのお楽しみパック」、カルピスキッズが供えられていた。

・西代4丁目

　昔の西代4丁目には、（長屋の共同）井戸のまわりなどに何カ所か地蔵があった（地区は全焼だった）。焼けて黒こげになっていた地蔵さんを、会社に避難させていた。今年（震災の年）は、地蔵盆ができんと思っていたが、3丁目でKさんが祀るので、提灯をわけてもらって、丁度、家を再建したばかりの近所の大工さんが、一日で祠を作りなおしてくれた。更地と自力仮設のプレハブ（がまばらに並ぶ町）のなかで地蔵盆を祀った。地蔵さんを洗ってあげようと思ったら、焼けているのでぼろぼろ崩れてきた。そのままにしている。

　子どもが格段に少なくなり寂しかった。ある程度、戻れる人は戻ってきたが、地蔵を世話する人（高齢者）が戻れない。区画整理に入っているし、お地蔵さんをどこに連れていっていいかわからんから、地蔵さんを須磨寺におさめた。明日、須磨寺に赤飯を持ってお詣りにいってみようと思う。

・西代3丁目の地蔵（区画整理事業地区周辺）

　元は12軒の長屋で祀っていたが、震災で家が壊れ、7軒の借家の人は帰ってこれない。今5軒だ。お寺にお返ししようかと話したが、せっかく残った地蔵ということで、5軒で順番に世話している。地主さんも、路地に地蔵さんを置くことは了解してくれそうですし、なんとかヤシロ（祠）を手に入れて祀りたい。「もし、祀れるようになったら、詣らしてもらいたい」と、被災して帰れなくなったお婆さんがいっていた。

　1995年は、長屋の地蔵を路地の入り口の布団屋さんがガレキの中から地蔵を

掘り出して修理し、長屋はほとんどなくなったものの、なんとか地蔵盆をした。震災前と変わらぬお詣りがあった。しかし、遠く郊外の仮設住宅に行った人（借家人）が戻ることは無理。自前の土地がある人がチョコチョコ戻れ、その人だけで地蔵盆をする。付近のマンションには、被災した別な土地の子持ちの人が子どもの転校を避けるために校区内で避難的に入っており、その人から地蔵盆への寄付が新たにある。しかし、更地のなかには、建て売りになったとこもあり、新しい住民と、どのような関係を持とうかと迷っている。

　西代4丁目は地蔵盆をやめたので、そこに奉納されていた4丁目の子どもの名前を書いた提灯を譲りうけ、かけている。

・**西代3丁目△の地蔵（区画整理事業地区周辺）**

祠が震災で壊れたが、長田工業高校の木工部が作ってくれた。戸建てが多く、付近の被害は半分ほど。菓子配りをした。二代続いてお祀りしており、御詠歌は当たり前で、震災前は地蔵盆に稲荷寿司をこしらえていた。地蔵をかたづけたあと、昔は、七とこ詣りといって、賽銭の10円もって7カ所の地蔵を回って、子どもの成長を祈った。昨年のお詣りの子どもは、付近の地蔵が少ないので震災前より多かった。遠くの仮設に移った人はこれないが、近くの地域型仮設の人は来た。去年は迷ったが、今年（1996年）は当然せなならん。祠の扉も自分たちで付け加えた。都市計画（土地区画整理事業地域）に入らなくて良かったと思う。このまま、祀っていければと思っている。

・**御屋敷通□丁目の米屋さん**

　地域の地蔵の1つは解体（震災後のガレキの撤去作業）業者にガレキと一緒に持っていかれたが、ウチの地蔵さんは家とともに無事やった。

　なかなか子どもができなくて、17年目に子どもを授かった。それで10年前に、地蔵さんを三木からうけて祀った。最初は路地に出すと、自動車の通行に邪魔になるし、地蔵は溝（排水路）の上に祀ったらアカンといわれた。家のなかで祀って、地蔵盆のときだけ出していた。（祠の移動については、第8章を参照）

・**御屋敷通5丁目南東角マンションの一角**

もともと、水笠にあった地蔵さんだが、大家さんがこのマンションの一画に避難させた。立派な台とヤカタ（祠）を新調なさった。

・御屋敷通6丁目□

震災前、Uのおばあちゃんが一人で祀っていた。他の者にさわらせなかった。震災後、付近は大火災にあい、おばあちゃんは避難し、付近の子どももいなくなってしまった。昨年は、仮設住宅から帰ってきたおばあちゃん一人で祀っていた。今年は、おばあちゃんが高齢になったので、地元に残った男性が依頼され、今年だけ引き継いで祀っている。しかし、男性は地蔵盆のやり方がわからん。区画整理事業の換地の問題もあるし、祀る人がおらんねんから、以後はお寺にあずけるしかないという。

・松野通4丁目

いつまでもガレキがかたづかない。知り合いの方が亡くなられたので、つらい。今年の地蔵盆はどうなるのだろうか。いつも、亡くなった方のためのお花は新しいものが供えられているが…。

・水笠通4丁目

元々、山吉市場の西入口の八百屋の隣に延命地蔵があり、市場の奥さんたちが町の地蔵として世話をしてきた。市場が立派に建替えになった昭和30年代（1955～64）に、市場中央の裏に祀った。しかし市場の裏側が商品の搬入口になるので、関西興銀の店舗の南に移った。

震災で台（座）は壊れたが、ガレキ撤去のときに、地蔵さんを解体業者に持っていかれたらあかんので、震災後は一時、寺に避難した。20日の日曜日は市場の休みだから、地蔵盆を8時からする。千人接待といわれる菓子配りや、御詠歌の地蔵盆は95年も実施した。壊れたヤカタ（祠）はとりあえずビニールで覆い、修理する。市場も修理して9月から復旧するが、人が来てくれるかが心配だという。盆踊りはできなかった。子どものお詣りは例年と変わらず、仮設住宅からのお詣りも少しはあった。96年はお供えの数を少なくして実施する。また、地蔵前で皆で食事をとる。

　何度、まちづくりの話をしても、普段、まちづくりの話し合いに参加しない人が減歩や借家権（個人の損得）の問題を繰り返し主張する。彼らは、市に文句（異議）はいうけど、まちづくりには参加しない（と話者はみている）。新聞のような評論をする人が多いが、自分らの町の防虫剤散布もしない人が多い。（市民のまちづくりが遅れ）そのうち、うき足だってしまい、市の思い（都市計画案）どおりにすすめられ、住民、商人の意見が考慮されない。こんなことでは、市場の入るビルを再建しても、地蔵さんの場所を確保できるかどうか不安だ。事実、山吉市場は再建できなかった。

・長田区水笠通5丁目の焼け跡の酒屋の女主人

　これまで年寄が集まって祀っていたが、おばあさんが弱くなって、ウチがあづかるようになった。ウチは家も店も焼けたので、震災で頭がとれた地蔵さんを車にのせたまま、4月まで店の配達をした。店舗が再開した4月、いつまでもこうしてはおられんし、町には被災者が郊外の仮設住宅に避難し、誰もおらんのだから、結局、地蔵を西代寺に納めた。

御菅西・東区画整理事業地区の地蔵

・御蔵通6丁目　布団屋

　40軒の長屋で管理していた。震災直後、地域全体に火事が頻発し、4日目まで、瓦礫から遺体を引き出すことで手いっぱいだった。お地蔵さんも引き出そうと思ったができなかった。ガレキ撤去のときに地蔵さんを掘り出してくれるように、役所に20回も電話をして要請したが鼻で笑われたように感じた。気が重くて病気になった。

　3月12日、避難している元住民に連絡して、座り地蔵と立ち地蔵をガレキの中から引き出したら気が楽になった。地蔵は地元の菅原寺に預けた。他の人がするように須磨寺に地蔵を納めるんやったら、預けっぱなしになるので、地元の寺に預けた。街ができたら（復興したら）戻したい。しかし地蔵の世話していた隣保のお婆さんが死んでしまった。私も仕事があるし地蔵さんのしきたり（祭祀法）もしらないので、できるかどうか……。菅原寺は常時、門があいているとは限らないので花を常にあげることができない。提灯2つは自分たちで作って寺に奉納した。

・菅原西市場の元住民（現明石市在住）

　私は、20年前、菅原西市場で洋品店をしていた。市場のお客さんにはお世話になった。そのおかげで、明石に家が建てられた。須磨まで電車が開通したので1月23日に、水仙の花や菓子を持って、歩いて焼けた菅原へ行った。ガレキの山に圧倒されて涙が出てきた。題目を唱え、目を閉じると、無数の地蔵さんがむらむら出てきた。何だろうと思って目をあけるとガレキなのに、目を閉じるとまた地蔵が出てくる。

　翌2月にも気になって菅原に行った。今度も地蔵さんがみえる。不思議に思っていた帰り道、昔、これまた昔、お世話になった垂水で降り、電話局のところを進んでいくと、地蔵さんの風景に出会った。姉地蔵という70体の地蔵さん。私が見たのはこの光景だと思ったとたん、足が動かなくなった。毛糸の帽子をかぶっておられたので、アアと思った。

　それで家に帰って地蔵さんの帽子を一生懸命編んだら、なぜか地蔵さんが消えて泡になり、小人が踊り出した夢を見た。あれは何だろうと思う。

　（新聞で筆者の地蔵支援活動の記事を読んだ元住民が、筆者に送ってくれた手紙より）

・御蔵5・6丁目

　戦争の時、うちの三畳の間にも焼夷弾が落ちて天井に穴が開いた。火が台所に回って、天井に穴が空いた。箒を持って先でばーんってぶったたいて火を消したんや。えらいこっちゃたで。長屋は大方は燃えてもうたんや。でも、地震の時ほどはひどくなかった。まだ水道の水を使えたからやな。うちの家が大丈夫やったんは、隣の家の横にあった立江の地蔵さんのおかげで、火はそこの路地まで来て止まった。（聞き手：福田学、『みちくさ』No. 6、2000年）

鷹取東区画整理事業地区の地蔵

・日吉5丁目のI自転車店の裏

　戦前から、この地域に2つの地蔵さんがあった。1つは、K. T. さんの父が空襲で兵庫区柳原から逃れるときに持ってきた地蔵で、最初は家の中で祀ってあり、

50

目をこの水で洗えなどとお婆さんにいわれた。一方、チョウの地蔵さんとよばれる一石五輪がある。両者はK. T. さんの所有地に一緒に祀られていた。

　震災当事の火災は町を焼き尽くし、5丁目だけで27人が犠牲になった。町内に祀られていた2体の地蔵さんも、火災で1体は黒こげ、もう1体は頭部が無くなった。地蔵さんの安住の場もなく、近くの寺に引き取ってもらうことになった。そして「旅立ち前にきれいにしてあげよう」と、Iさんらは1体は接着剤で何とかひっつけて、セメントと砂で団子を作って頭をつけた。顔も書いた。1995年8月23日、お別れの地蔵盆を開いた。

　地蔵さんを祀る台は、ベニヤ板をひろってきて作った。焼け跡の中で、20年前みたいにバラ寿司をつくって、テントを張って徹夜で夜明かししたいという。昔は盆踊りを小さな路地でして、子どもにキャンディー（アイスキャンデー）を配っていた。

　シートを広げ、みんなで地蔵を拝み、焼きそばを食べた。震災前は、お婆さんたちが御詠歌をしに各地蔵を回っていた（地蔵講？）が、震災後は御詠歌はテープになった。御詠歌のカセットをかけていると、日吉4丁目のお婆さんが、「この声を聞くと、いてもたってもおれんようになって」といって、お詣りに来た。連絡は自治会を通して徹底しており、遠くの仮設の人も、夕方5時くらいから、多くのおばあさんたちが、避難している郊外の仮設住宅からお詣りにきた。しかし、バラ寿司が出る8時まではおれなかった。バスが無くなくなるし、遅くなると怖いと、7時頃には焼け跡のなかを並んで帰った。

　このように、被災1年目の地蔵盆を終え、「そしたら、可愛くなってしもうてなあ」とIさんはいう。

　1996年は、須磨寺の管長に拝んでもらって、その後、菓子配りをする。流し素麺をやってみようと、竹を割って用意した。被災後、地蔵盆のバラ寿司づくりが復活したという。

　鷹取東は、震災後、毎週まちづくりの会議をしてきた。みんな戻ってくるという気持ちで、地蔵さんを祀りつづけた。ポケットパークは市の土地区画整理事業で完成した防災公園である。そこに隣接して地蔵堂がある。95年の地蔵盆の法要

に来ていた、大阪府内の寺の住職らでつくる「仏教ボランティア大阪」が、木彫りの「あわせ地蔵」とお堂を寄贈した。98年8月22日に完成した地蔵堂の台座には、焼け跡から出た遺品が収められ、内部の名札には、周辺地区の犠牲者名と寄進者名が書かれている。お堂の裏側は防災器具倉庫になっている。中央に柔和なほほ笑みを浮かべる木彫りのお地蔵さん、その左右に赤い着物を身につけた小さなお地蔵さんの計3体が並ぶ。左右のお地蔵さんは、震災前から地域にあったもの。中央のお地蔵さんは、仏教ボランティアから寄贈されたものである。

　（このポケットパークでは、現在、盛大に地蔵盆がおこなわれている。法規上は、地蔵堂は防災倉庫として扱われている。それに隣接して、区画整理事業余地処分としてポケットパーク用公共用地が隣接している。）

　・大国公園の地蔵

　　被災して倒れた鳥居で彫刻家が、ボランティアで地蔵を作り寄付した。大火災のあった鷹取東地区の公園の一角におかれ、祀る人はいない。

　・長田区野田4丁目

　鷹取は町の全部が焼けた。去年、30万円出して、ヤシロを作りかえたのに、1体の地蔵さんは粉々になってガレキになった。消息はわからない。もう1体は残っておられたのに、解体業者がくだいてしまった。情けない。仕方がないので須磨寺に納めた。「立江地蔵」と書いたテントだけが残った。ポールはないが、必要な方にあげたい。立江地蔵は須磨寺に「本家」があると信じている。

3―2　再開発事業地区の地蔵・地蔵スタンプラリーから地蔵保存会へ

　上記のような地蔵が地域には多いので、97年には、そのうち残った6体のお地蔵さんを結んで、地蔵盆と同時にスタンプラリーがおこなわれ、1000人が参加した。

　この地区の周辺には、源平合戦で敗退途中、討たれた平清盛の末弟、平忠度の腕塚、胴塚があり、その関係か「指塚地蔵」「足塚地蔵」も存在し、足の悪い人がお詣りしている（詳細不明）。そうした伝承や、お地蔵さんに線香を1本あげてお菓子をいただく風習を、再開発ビルができても残したいということで、『久

二塚地蔵保存会』が結成された。震災前に祀られていた12体のお地蔵さんを、新しい再開発ビルの様々な場所に戻そうと考えている。

　その日だけは居住町に関係なく、夜遅くまで子どもたちが地域内を自転車で駈け回って、できるだけ多くのお菓子を集めることが、"ステータス"になっていた。しかし、地蔵盆の接待をスタンプラリーという仮設商店街のイベントにし、最終的には再開発ビルに地蔵を集めて置くという。これには少し違和感を覚える住民もいた。なぜなら、地蔵スタンプラリーは、祀っていた路地の住人の暮らしよりも、商店街の活性化や再開発という事業を中心に考えられていたからである。

・久保5丁目の立江地蔵

　80年以上前からある古い地蔵で、40軒ほどで世話し、茶の子・接待というお菓子配りをする。昔は赤飯や竹輪の炊きもののおかずをだした。1995年も茶の子・接待はした。しかし、お詣りの数は極端に少なかった。遠くの仮設住宅に避難した人も少しはやってきた。力を合わせて、町の復興と地蔵の復興ができてよかった。しかし、地蔵の世話をする人が少ない。1995年9月から、再開発の事業用仮設に戻ってきた人が多く、その人々が今年（96年）は世話をしている。当然、新しい町でも地蔵を位置づけたいという。

・腕塚5丁目のパラール地蔵（再開発地区）

　もともと、町内に戦前からの地蔵が5体あったが、焼けて無くなったのが2体、寺に納めたのが1体、近くの酒屋が保護しているのが1体。1体だけがパラール地蔵として町に残った。1995年は、ボール紙の祠に祀り、接待をし、御詠歌をあげた。1996年は、新たに祠を手作りした。お詣りは、付近に地蔵がなかったので、多かった。お世話は、前の路地の人が6人で交代でやっている。仮設の人は、お供え（寸志）を事前に持ってきた。地蔵さんの積み立て金は、震災のための祠をつくるために使ってしまった。今後は、どうなるかわからないが、心の支えだから何とか新しい町に地蔵を置きたい。96年は地蔵前で接待をし、赤飯の会食をし、盆踊りをおこなった。夏祭りということにして、五木ひろしが来てくれた。

・日吉2丁目の地蔵

戦災にあったが、戦後、首を修理して井戸で祀った。長屋の隣保で祀っていた。1955年頃から特定のおばあさんが中心に世話をする。震災以後、長屋は全壊し、路地の入り口の大通りに面した山本タコ焼き店だけが残った。その山本さんが、避難している高齢者にかわって、食器棚を改良して祀っている。派手に祀ると「自分だけ残って勝手なことをしている」といわれるが、地蔵さんのお世話はせなならん。95年は少しだけ菓子を供えた。遠くの仮設住宅からお世話していたおばあさんたちが、御詠歌をあげに来てくれた。近くの地域型仮設にいる人は「イイネェ」と喜んでくれたが、遠くの仮設の人の大部分は来れなかった。昼に来て、花代を置いて帰っていった人もいる。

96年は、町内会で祀ろうということになり、大々的に菓子配りをする。96年9月1日に、やっと再開発の計画が市から示されたが、なんとか地蔵さんの置き場所をつくりたい。再開発事業で、入居するための金額によって、どれだけの人が戻れるかが不安だ。地蔵さんを須磨寺に納めんでよかった。須磨寺に持っていったら雨ざらしで、地蔵さんがかわいそうや。

現在は、1丁（1ha）全部が市営住宅となり、（再開発事業の）従前居住者も多いので、その総意として中庭に地蔵さんが置かれている。

3—3　再開発地区周辺の地蔵

真陽地区自治会連合会の代表によれば、「地区には58以上の地蔵があった。うち今年地蔵盆が出来るのは26で、今年（震災の年）のみ休みたいのが 3 +α である。真陽小学校の合同地蔵盆に参加するのが21である。ということは、残りの7ほどが、すでに須磨寺などに納めた可能性が高い。合同地蔵盆に参加する21の地蔵のうち、事後、元の土地へ引き取りたいのが11 +αである。うち主催者の方で地蔵を処理してほしいというのが8である」という。

真陽地区では、52名の震災犠牲者があり、うち子どもが3名いる。19時から慰霊祭をし、19時30分より、大型紙芝居、子どもエイサー、インド式紙芝居など

が続く。子どもたちには線香をもたせ、地蔵さんのセッタイ（子どもへの菓子配り）をする。

・庄田町4の霊験あらたか地蔵

特定の三軒で祀っている。長屋だった頃からの地蔵である。95年は、茶の子・接待といわれる菓子配りをし、地蔵前で会食して、御詠歌をあげる。有志で積み立てたお金で供物を買う。慎重論もあったが、震災のときに地蔵さんが家や人々の生命を護ってくれたから、そのお礼として地蔵盆はせねばならない。マンションの若い人も手伝ってくれる。地蔵は地域のものだから、新しい町ができても残したい。

・庄田町4の六間地蔵

姫路の八家から流れついたので、八家地蔵ともいう。妊娠中は七つの地蔵を詣ると良いといわれる。この地蔵は特に、子どもができない人が参った。95年は御詠歌だけですました。お詣りは以前と変わらなかった。今年は、例年のように六間道商店街にだして、婦人会の人が子どものように楽しく祀った。男たちは提灯を吊る。お供えは商店街の各店から出た。新しい町ができたなら、その中に地蔵を位置づけることを考えたい。震災の被害は少ないが、商店街の客足は遠のいた。

・二葉町四丁目の延命地蔵

95年は、子どもも少なくなったので、真陽小学校の合同地蔵盆に、地蔵さんを出して祀った。96年は子どものお詣りが1/3に減ると予想しているので、接待の菓子の数を減らしている。他に世話する人がいないので、2〜3人の有志でやっている。供物の飾り方がわからない。お詣りも世話人も少ないので、寺に預ける話も出ている。

・二葉町3の立江地蔵

95年も例年どおり、茶の子として菓子を配り、昼の接待としてバラ寿司を地蔵前で皆で食べ、御詠歌をあげた。付近の地蔵が少なくなったので子どものお詣りが多かった。被害が少なく、この場で地蔵盆が例年のようにできたことが幸せであった。96年も変わらないが、O-157騒ぎで、寿司をやめて赤飯にした。

同じ路地に3体あったが、戦前からの古い地蔵で、もともと路地の16軒で祀っていた。最近は13軒になった。地震後、1体は寺に納め、1体は管理している人がどこかに持っていった。今は子どもがいないので寂しいが、地蔵をどこかに残したい。

3―4　改良住宅地区の地蔵

　長田区番町地区には、大規模な改良住宅がある。改良住宅とは、密集市街地における、自治体等による住環境整備である。バラック、狭小木造賃貸住宅（木賃）などが密集する地区に、公営集合住宅（市営住宅など）を集中的に建設して、地区整備することが多い。この場合、従前居住者用（バラック・木賃居住者）に、一部または全部の公営住宅の住戸が特別賃貸（特定入居）され、結果として劣悪な住環境に置かれた住宅困窮者やマイノリティの居住環境整備になる。被差別部落では、改良住宅事業が実施されることが多く、神戸市長田区番町地区では、震災以前から事業が始まっており、震災後完了した。

図13　立江地蔵（四番町5）

したがって、密集住宅の私道の路地はいうにおよばず、市営住宅であっても、住民は地蔵祭祀に迷いがない。地蔵は子どもを通じた町のつながり、季節感、生活の一部になっている。

・五番町4丁目市住27号棟北側入口の大きな祠

2体祀っている。下に掃除道具、提灯100個を入れてある。日常から、ごはん、みかんなどを祀っている。祠の前の紫の幕には、□、△、○、◎（人名）の文字がある。（この棟の住民の中には）他にも3人くらい地蔵を持っている人がいる。23日には、地蔵を別々に住宅の広場に出して祀る。地蔵は地域ではなく世話をする個人によって移動するものだという。

五番町5丁目に拝み屋のおばあちゃんがいて、肩がこるのでみてもらった。すると、「地蔵さんがあるやろ。祀れ」と託宣された。実は戦争のときに、子どもが地蔵さんを蹴っていたので私が拾い、水屋で保護していたのを忘れていた。それで、1953年から祀り始めた。

23日には、昔は、昼から、路地の仲間で手分けして、ごぼうを削り、人参を切

図14　市営住宅の拝み屋さんの真宗仏壇（左）とお大師さん（右）

り、炊き込みご飯、またはバラ寿司を作った。バラ寿司5升、イナリ寿司2升という年もあった。供物をみんなで持ち寄り、3段の棚に、西瓜・カタマメ・米1升（翌日のバラ寿司になる）を供える。外からのお詣りの子どもには、お菓子を配った。カンカン（大きな1斗空缶）に入った動物ビスケットや、石切（東大阪市、デキモノなどに効果があると人気の神社。門前に店が多い）で仕入れたカタマメ（空豆）を配った。西国三十三所の御詠歌をあげる。

　夜には、大衆演劇の役者をよんで喉自慢をし、子どもを寝かしつけた後は、女は旦那の浴衣・伊達帯をつけステテコをはいた。男は女の着物を着て、異装で盆踊りを一晩中した。音頭は、炭坑節・お富さん・播州音頭であった。家族ぐるみで、外で寝転んで、アソビをした。昭和20年代、番町青年団が、金楽寺西の広場で盆踊りをやっていたが、広場がなくなり、やめたので、各地蔵で盆踊りをするようになった。

　翌朝に、またバラ寿司（または炊き込みご飯）を作り、配りもん（供養返しとバラ寿司［または炊き込みご飯］）をした。来た子どもにもバラ寿司をあげる。今は、石鹸などを返す。

　地蔵盆はするのが当たり前で、まあ、お盆（12～15日）なんかどっちでもえーという感じやった。最近は子どもが少ないので、呼び込みをするほどだ。朝鮮籍の住民も来ている。

　最近は、深夜12時までに、御詠歌、地蔵さんのお経をする。多くの子どものお詣りがあると、線香が燃えて危ないので、線香立てに監視人がついとかなあかん。安全のために線香をやめるときもあったが、最近は家で手を合わすことがないから、エエ機会や。

　震災のときは、市営住宅の建設前で、旧住宅から親戚の駐車場に飛んで逃げた。以後、テント暮らしをした。しかし、家の横に置いていた地蔵さんはどうもなかった。その後、親戚が入居していた市営住宅新築のための事業用仮設住宅に、地蔵と一緒に入居した。

　1998年11月に、新築の市営住宅に入った。（今度は平屋ではなく集合住宅な

ので）家の中で地蔵を祀ろうかとも思ったが、市営住宅の住民が、元の近隣の
知った人ばかりやし（従前居住者用の市営住宅）、地蔵さんについては誰も文句
をいわんと判断した。それで、住宅の入口に祀った。地蔵を祀る気のある人（祠
の前の幕を奉納した人）が、ご飯をかえて、水をあげてくれる。

・六番町五丁目市住 30 号棟5階

　震災では、個人で祀っていた立江地蔵を持って避難し、避難先の家のなかで
祀っていた。終戦後、三番町にいたおばあちゃんの時代からの地蔵である。昔、
長い間、子どもができなくて、やっと下の子ができたとき祀ったと聞いている。昔は
路地にあった。

　子どもが生まれると7カ所の地蔵をまわると良いといわれ、私も親が回ってくれた
と思うと地蔵祭祀はやめられない。1995 年は地蔵盆ができず、家の中で御詠歌
のカセットをちょっとかけて、お地蔵さんに辛抱してもらった。96 年の夏すぎに市住
が完成し、8 月15 日に地蔵の祠を階段の踊り場に設えたので、提灯をつけて茶
の子の菓子配りをしようと思う。市営住宅をが建てられる前から祀られていたんや
から問題ない。個人でやっているから、誰にも呼びかけていない。しかし、（市営
住宅）団地の上（5階）になっても、昔の隣保の 30 軒ほどが、お供養を持ってくる。
23 日、提灯を吊るして祀る。

図15　市営住宅３階の地蔵盆（本文の５階地蔵盆とは異なる）

・三番町2丁目（改良住宅が多い地域の、改良住宅外の地蔵）

　震災で倒壊した改良住宅の各地に祀られていた地蔵で、震災後祀れなくなった地蔵や、古い倒壊した長屋の地蔵を集めて、△さんの所の地蔵と一緒にトタンの祠を作って、△さんの敷地に個人で祀った。自分の家も再建できないが、1995年は、アンコの部分（公道から遠い区画の内部）で上水道の配水がないなか、何とか地蔵盆をし、茶の子としての菓子配りをした。更地で焼き肉をして、近所の人と一緒に食べた。子どもの数が格段に少なく、生まれて初めて、お接待を待つ子どもの列が途切れた。遠くの仮設に避難している人は来て喜んでくれたが、すぐに帰っていった。地蔵の世話する人がおらず、各地の隣保の地蔵を預かって個人が祀るので、いただいた供物のお下がりの配分など大変であった。志（供養の物品やお金）を地蔵の祠の前に置くだけで、地蔵盆をする労力を出さず、「供養のお下がりの分配が少ない」などとモメる人もいる。結局、△さんの親戚がしんどいめにあうばかりだった。震災直後は、みんな、自分のことで精一杯だったのかと思う。

　しかし、1996年は、盆踊りの櫓を隣保の建設会社の若い者が手伝ってくれたり、提灯つりに近所で住宅を再建した人が次々やってくる。家ができた人は、今年は

図16　三番町の地蔵（1995年）

図17　△さんの地蔵と住居（2020年：左））と改良住宅（右）

60

力が入ったようで、去年より派手になり休憩場も作った。関東だきを作り、みんなで食べる。

　この隣保を中心に、改良住宅の計画があるが、地蔵さんを市住に祀ることを協力の条件にしている。子どものときから地蔵を世話していた年寄りが戻れないのは辛いから、住宅建設に協力したい。△さんの子ども（孫?）の作文にも、「マンマンさんがみんなを助けてくれた」と書いてあった。△さんは、隣接地に住宅を自力再建し、改良住宅に向けて地蔵堂を公開している。

・五番町2の商店街（S八百屋）

　溝掃除をしていたら、地蔵が出てきた。それをそのままにしておくと、うなされて夢を見、子どもが熱を出した。そこで拝み屋さんに見てもらい、地蔵を祀ったところ商売が繁盛したという。

・改良住宅の地蔵盆

　1996年8月22日、震災で家がまばらになってしまった神戸市長田区番町地区の空き地に、「震災犠牲者追善供養盆踊」という看板を掲げ紅白の幕を張った舞台ができた。

　震災以前から、地蔵盆が非常に盛大におこなわれ、人々は盆（8月15日の）にではなくこの地蔵盆（23日頃）に帰省する。地蔵盆の23日は近所の人々が地蔵にお供えをし、地蔵の持ち主一家が地蔵を飾り準備する。夕方6時半頃、そろそろ日が短くなってきた時期に、地蔵に供えられたお菓子類を子どもたちに配り始めることからスタートする。子どもたちは地蔵に供えるための線香と、もらったお菓子をいれるための大きな紙袋をもって町中を歩く。盆踊はこの両日深夜まで繰り広げられる。昔は河内音頭でみんなが踊り、芸能人が出演、菅原文太が来たこともあり、夜明けまでのど自慢となる。

　第1部は見物人の盛り上がりはいまひとつだった。誰かが、「みんな、もっと踊ってね。遠巻きに見てる人も、前の方の若い連中なんか蹴ちらして。人に見られてるいう意識が強すぎるで。ビールも前でただでもらえるそうですから」などとアナウンスする。盆踊ではよくビールやジュースが無料で配られる。それでも『アリラン』

が始まると突如どこからかおばさん数人が飛び出してきて踊り始めた。『トラジ』、ゲストが原語で歌う『密陽アリラン』とコリア民謡が演奏されるとやはり盛り上がる。『安里屋ユンタ』で第1部は終了した。続く1時間「河内屋菊水丸」と書いたハッピを着て河内音頭が登場。次第に人が増えてきて会場が満員になった。

第2部は『アリラン』で始まった。第1部とはうって変わって大変な盛り上がり。おばちゃんたちみんな風呂に入っていたとか。一通り演奏がありアンコールは『アリラン』。『密陽アリラン』で終わる。

1997年8月23日、去年と同じ「震災犠牲者追善供養盆踊」という看板には「3回忌」という言葉が書き加えられていた。

去年のライブは地蔵盆の前日、準備日だったが、今年は地蔵盆の1日目（23日）。第1部は7時30分、灘みやこ（おそらく長田出身か）の歌をはさんで、第2部は趙博の3曲からはじまって9時30分すぎまで。チャンゴ（朝鮮の金属打楽器）が鋭い「密陽アリラン」、田端義夫の持ち唄「十九の春」を演奏する。

見物客で昨年と大きく違うところは、かなり宣伝が行き届き、ソウルフラワーのライブの前で踊ってる外来ファンが来ていた。テレビ局らしいカメラが入り、放映予定があるという。ソウルフラワーの番町地区での地蔵盆出演は4年目になる。

8時になると六弦の三線（さんしん）（?）を持った平安隆が「安里屋ゆんた」をはじめる。バックは河村のアコギ、趙博のチャンゴなど。おっちゃん・おばちゃんたちは、若者と遊ぶのが好きだ。ソウルフラワーという若者兼プロミュージシャンが自分たちの街に来るという喜びに、よその若いモンがえらく大勢集まって一緒に遊べるという楽しみが加わったと考える？　昨年フライパン踊りで有名になった（?）おばちゃん、今年は日本髪のカツラにものすごい化粧で（しかし日本手ぬぐいで顔を隠して）登場し、ステージにも上がって踊りを披露した。もうひとり、透明ビニールの天狗のお面みたいなものをかぶった、なんともいえん格好の人がこのおばちゃんと一緒に踊っていた。（中山貴弘「追善供養盆踊（神戸市長田区）」（33t.ciao.jp）

ところで、1975年ごろ、歌手・田端義夫が歌って大ヒットした「十九の春」のルーツは、第二次大戦中に奄美大島沖で米軍の魚雷攻撃を受けて沈没した貨客

船の鎮魂歌「嘉義丸の歌」だった。300人が犠牲になったという。当時、奄美・加計呂麻島民で船の生存者の治療に当たった鍼灸師で三線の名手だった朝崎辰恕さんが、その嘆きに心を痛め犠牲者を慰めようと、生存者らから聞いた体験談をもとに作詞・作曲。島の集会所で発表したものだという。神戸に奄美出身者が多いことを考えると、このリクエストは単に懐メロを要望する以上のものがあるように思われる。

　改良住宅の地蔵盆の特色として次の3点がある。

　①芸能人を呼び、外部の人が来ても、それを拒絶せず、歓迎する雰囲気がある。

　②地蔵盆の夜の仮装大会の雰囲気が、震災後、思い出されつつあった。

　③演奏される曲に、朝鮮民謡や奄美のメロディが好まれた。

・改良住宅の地蔵の特色

　この改良住宅の地蔵盆の報告は、当時、中山氏による報告であるが、個人的な記録に残っており、25年も前の出典で、正確に示すことができない。しかし、いきいきした記述なので紹介した。その文章のなかで、中山は「この会場の北側は新湊川に向かってちょっとした丘になっている。その崖にたっていた文化住宅（関西型文化住宅については9章で述べる）なんかはどうなったのか、震災直後はよく見ておく余裕もなかったが、今回見てみると崖自体がなくなってしまっていた。ということはそこにあった保育所もなくなったか引っ越ししたのだろう。一年たって家の再建はすすみつつあるようだが、ほんとうに風景そのものがすっかりかわってしまった」という。

　新湊川両岸は、運河開削の土を南側に積み、堤防状にしていた。この堤防状の市有地には、不法占拠住宅が多く、被災倒壊と同時に、再建されることなく、住民は移動した。

　一方で、密集した狭小簡易住宅の路地で、従前居住者が祀る地蔵は、建物が変わって集合住宅になっても、震災があっても、従来の地蔵盆を残している。地蔵盆の夜の解放と開放性、無礼講的な雰囲気、そして多様な出身の人々のそこはかとない音楽の共有は、震災後も引き継がれている。

図18　空地が目立つ路地の奥にある井戸跡
（第二次大戦時、空襲消火のためのポンプが置かれ、現在は防災用に改修されている）

改良住宅になっていない番町地区には、長屋路地が残っているが、住宅がなく空地になっている。しかし、長屋の井戸は、戦時中、空襲対策として手押しポンプが設置して残され、現在も防災用に整備されている。

3―5　その他の地蔵

・重池町 T くんのお地蔵さん

生後4カ月で亡くなった末っ子、T 君のために父親、A さんが建立した。足元には震災で亡くなった人の魂を象徴するトンボの彫刻があり、道行く人がお詣りしたり、頭を撫でる姿が見られる。

A さん一家は5人家族。木造2階建て、延べ床面積180平方メートルの自慢の住宅は震災で地盤ごと全壊した。A さんは隣で寝ていた長男（6歳）に覆いかぶさり、長女（2歳）とともに無事だった。しかし2階の部屋で寝ていた妻と T 君（生後4カ月）は屋根の下敷きになった。妻は救出されたが、梁の下敷きになった T 君は、眠る時の癖だった右手親指をおしゃぶり代わりにくわえたままの姿で亡くなっていた。

地蔵を建立しようと思ったのは震災の年の「地蔵盆」の時だった。T 君は震災前年の9月に生まれたため地蔵盆に連れて行くことができなかった。それで「自

分でTの地蔵を作ろう」と決意した。

　大阪の百貨店で個展を開いていた静岡県の前島秀幸さんに制作を依頼。2人で仮設住宅などを歩いた。前島さんは「震災に遭ったすべての人たちのために地蔵を彫りたい」と話した。翌年1月、お地蔵さんが完成した。地蔵は5歳になったときのT君がモデル。三等身で頭が大きい。

　前島さんから「道行く人がなでたりさわったりできるように道ばたに置いてほしい」といわれ、崩壊した家の更地の角に、道の方に向けて安置している。「Tはお地蔵さんに生まれ変わって、いろんな人に影響を与えている」と思えるようになったという。

　毎朝、出勤前にお地蔵さんに会いに行く。日によって赤、黄色、黒、緑のバンダナを頭に巻いてやる。毎朝お詣りするのは、Tが勇気を与えてくれるからだ、と信じている。

（震災メモリアルウォークの記述より）

・JR新長田駅の寅地蔵

　縦90センチ、幅50センチ、厚さ9センチのヒノキ板に彫られた地蔵さん（菩薩像）の左まゆ毛に、大きなイボがある。寅とイボ。それだけで、これが渥美清さん、というより、寅さんが神様になった姿だとわかる。彫ったのは尼崎に住む元フーテンを自認する仏師の阪田庄乾さん。

　山田洋次監督の「男はつらいよ」のファンなら、シリーズ最後になった48作目「紅の花」（1995年12月公開）で、寅さんが震災直後に被災地の長田で活動し、最終シーンで、再び長田を訪れたことを思い出すだろう。

　その長田ロケは95年10月24日、25日におこなわれた。山田洋次監督の話によると、地元の人々から「寅さん誘致」の依頼が届いた当初、被災地でロケなどとんでもないと思っていたという。しかし、人情の街・長田の人々の熱意と被災地の実状を知るうちに「長田でロケをすべきなのだと考えが変わった」そうだ。

　渥美さんが死去（96年4月）した後も、地元の人々の寅さんへの思いは深まり、ロケ誘致のために地元で結成された「寅さんを迎える会」が寅地蔵の制作を決

65

めたのが97年2月。翌年8月4日に同駅に設置され「渥美さんも天国で喜んでいるでしょう」との山田監督のメッセージも届いた。

（震災メモリアルウォークの記述より）

3―6　被災市街地での地蔵盆をどうみるか

　神戸の地蔵盆の最大の呼び物は、供物のお菓子配りである。本来は「接待」「茶の子」と称して、お詣りに来た子どもたちに、バラ寿司や稲荷寿司を配るものであった。子どもが、町内だけでなく、各地の地蔵をめぐるのは、本来、「七とこ詣り」と称して、七カ所の地蔵を詣ると元気な子どもになるといわれるからである。子どもが生まれたときの奉納提灯など、被災地域の町での子育てと強くかかわっており、それが地蔵維持の原動力となっている。

　「接待」「茶の子」は、戦前は豆を配ったようである。高度経済成長期には、菓子問屋から安い缶入りの菓子を買ってきて、誰かれとなく茶碗一杯ごとに、揚げ菓子やかりんとう、粟おこしなどを配っていた。高度消費社会に入った80年代から、スナック類の中袋や、缶ジュースなどが配られている。 ちなみに、今年（調査実施の1996年）に配られた供物の一例は、13軒の地蔵を回った子どもの場合、「チューペット10、ポテトスナック（中）1、ポテトチップ（中）4、キャラメルコーン（中）1、プリッツ（小箱）1、カール（中）1、おにぎりせんべい（小袋3つ組）1、おにぎりせんべい（中）1、せんべい（小袋三つ組）1、ブルボン うすやきカレー（中）1、クッキー（小箱）1、缶ジュース・缶コーヒー 8」であった。

　近年は市街地に子どもが少ないが、郊外団地に引っ越した若夫婦の子どもが、地蔵盆の夜、おばあちゃんを訪ねて地蔵盆に来るケースが多い。夕方の地下鉄新長田駅は、改札を出る浴衣姿の袋を持った子どもたちと、それを迎える市街地に住む祖父母とが待ち合わせをしている光景が眼に入る。

　市街地の子どもたちは、自転車で回り多くの菓子を集めようとしている。18時、夕暮れともなると、こんなに子どもがいたのかというほど、多くの子どもたちが地蔵盆の提灯をめざして走りまわる。

　しかし、震災後の地蔵盆は、都市計画事業計画が決定した地区と、いまだ見通しがたっていない地区、都市計画事業地区に入っていない地区（いわゆる白地地区）とでは、決定的な違いがある。都市計画決定した地域では、地域を地域コミュニティの核として再興しようという努力がなされた。郊外の復興住宅でも、地蔵が置かれることもあった。一方で、都市計画事業の網にかけられたものの事業の将来が見通せない地区では、地蔵祭祀は難しい。これからのまちづくりの見通しがつくか否かで、地蔵盆祭祀の意識が変わる。地蔵盆は人々の町に住む、そこで暮らす意思が反映されている。

表4　長田区の区画整理事業地区の地蔵（新長田駅北区画整理事業地区1）

地区	震災以前	震災被害対策	地蔵盆対策	問題点	維持理由その他
松野通2		全焼で地蔵がどうなったかわからない。	マンションでは地蔵盆にかえて子ども祭り。供養盆踊りをする所もあるという。		
神楽町5（子安地蔵）	会社経営者の2歳の息女が亡くなり、20cmの石座像を会社で祀った。	被害なし。	おこなう。		社員一同、困る事のないよう祀る。
細田町2（北向地蔵）	路地でひろった20cm石座像。背に「昭和三年」とある。3回盗まれたが戻ってきた。Sお婆さん数人と世話し、今では町内の120軒で祀る。	お社と台は道に接合していたので無事だったが地蔵は飛び出していたので、□さんの工場で保護した。	隣保の倒壊が激しいので、御供えも少ないと思っていたら、70軒以上の協力があった。	負担に思ったことはない。	以前、お地蔵さんの首がとれていたことに気づかずにいたら、奥様の首に異常があり、接着剤でつけたら治った。

地区	震災以前	震災被害対策	地蔵盆対策	問題点	維持理由その他
細田町3（延命地蔵）	昭和初期、30cm。光背付石像をお婆さんが請け、隣保30軒で祀る。	社は壊れ、地蔵はころげ出た。隣保の一軒の玄関で祀る。	例年のごとく準備した。	問題なし。	酒飲みが地蔵を投げたところ、当人に震えが出たという。
細田町3その他	少なくとも、3か所に地蔵があった。	ガレキとともになくなった。			
細田町4たばこ店（？地蔵）	隣保で地蔵盆をしていた。	Iさん宅は全壊し、仮設に地蔵を持っておこなったが、戻る予定。			
細田町5あくち（安久地蔵）	20cm石座像。昭和初期に祀り始めた。	祀っていた90歳のお婆さんが避難している。地蔵の被害はない。	自然と地蔵盆を祀ることになった。	問題なし。	
御屋敷通4（子安地蔵）	50cm石座像。従来、地蔵盆は仕事部屋でしていた。	社は壊れた。	地蔵盆までに社を直し、外で祀った。	問題なし。	安心感。
御屋敷通5（立江地蔵）	70年前から、水笠通で祀った。	火災のとき、抱えて避難させた。マンションの社長が組立式台を寄付してくれた。	焼け残った提灯をつって祀った。	全て焼けたが、地蔵さんが無事で問題なし。	火事があっても無事であったのは、お地蔵さんのおかげだ。地蔵さんはみていてくれるから、毎日お茶をあげている。
御屋敷通▽（子安地蔵）	石地蔵を家の壁に掘り込む。40年前、子が授かったので祀った。1960年頃は盆踊りやバラ寿司で接待をし、地蔵前で将棋をした。	被害なし。			子どもが欲しい人が持っていくことがあったが戻る。

地区	震災以前	震災被害対策	地蔵盆対策	問題点	維持理由その他
水笠通3Dさん（立江地蔵）	70年前から2体、個人で祀っている。	家も潰れ、祠も潰れたが、5日目に掘りだし、首を接着剤でくっつけた。	できるかどうか、ずっと迷っていた。1週間前に決断した。	家もないし、区画整理で思いどおりにいかんが、地蔵さんはここで祀る。	心の一部だから。
水笠通4（延命地蔵）	石座像。高野山で請けて町内会・子ども会で始めた。最初は市場に、震災前は興銀前に。	胴体不明。寺で保管しなおす。	地蔵を寺から返して地蔵盆をし、また預ける。3ヵ月前地蔵盆実施決定。	区画整理で生活地域がどうなるかわからないから、地蔵をどう祀るか決断できない。	皆で集まって立ち話する場。復興でも必要だ。
水笠通5酒屋	年寄りが祀っていたが、お婆さんが弱って、ウチが預けた。	ヤカタが焼け、頭が取れた。	西代寺に預けた。	家も焼けたので、車の助手席に置いていたが…。	
西代通3Kフトン屋（区画整理周辺）	大正以来の60軒長屋の奥に20cm陶製地蔵を祀る。	地蔵も祠も粉々で埋まったのを掘りだして接合する。	戻って来れない人も、せめて地蔵盆には帰ってきたい。	二軒しか残っていない。	
西代通3Hさん（区画整理周辺）	元12軒の長屋で祀る。	祠が壊れた。	7軒の借家は戻れない。戻れない人のために実施する。	せっかく残ったので維持したい。	

表5　長田区の区画整理事業地区の地蔵（御菅西・東）

地区	震災以前	震災被害対策	地蔵盆対策	問題点	維持理由その他
菅原通2（智信地蔵）（区画整理周辺）	20cm 光背石像。早死の子をしのんで7軒で祀った。戦後減り、個人で祀る。	祀っていた家が全壊したが、瓦礫から探した。光背と台座を補修してプレハブ前に祀る。	他で地蔵を消失した家と一緒に賑やかにしたが、昨年までの隣近所でないのは寂しい。	被災した個人が動く意思がないから大丈夫。	空襲もこの震災からも生還したあらたかな地蔵だ。
菅原通3（区画整理周辺）	町内に昔は12程あったが、近年は3つ。	火災で全部焼けて瓦礫となった。	7月頃から、地蔵を請けてきて、更地で祀る。	まちづくりができるまで、盆だけ出す。	
御蔵通6		瓦礫の中に埋まっていた。	3月に地蔵の引き上げをし、菅原寺に納めた。	街が出来たら戻りたいが、祀っていた人が死んでしまった。	
御蔵通6	戦時中焼夷弾が落ち長屋は燃えた。	震災で全部燃えた。			家が焼けても無事やったんは地蔵さんのおかげ

表6　長田区の区画整理事業地区の地蔵(鷹取東区画整理事業地区)

地区	震災以前	震災被害対策	地蔵盆対策	問題点	維持理由その他
野田町4(立江地蔵)	去年30万円出し、ヤシロ(祠)を換えた。	一体は粉々に、もう一体は解体作業で砕けてしまった。	須磨寺に納めた。		
長楽町3(区画整理周辺)(延命地蔵)	石立像。地域のお地蔵さん。40年以上前から祀る。	倒れて下に落ちた。残った人が残った道具で祀っている。	提灯がなく、おとなしく祀った。	地蔵盆をしても、どれだけの人が来てくれるのか不安だ。	
本庄町2(区画整理周辺)(?地蔵)	戦前からの座像を祀っており、当番で世話する。	被害なし。ガレキ撤去時に避難させた。	できないが、供物菓子程度は用意していたら、いろいろな人が供物をもってくるので、子どもに配ることになった。御詠歌は無理だろう。	世話する人がいなくなって、私が毎日花と水の世話をする。	お世話ができるのは自分が健康だということだ。
本庄町5(区画整理周辺)電気屋Tさん	終戦時、焼け野原の石立像を持ち帰り、個人で祀る。	被害なし。	例年どおり。		
本庄町7(区画整理周辺)	30年前、工場現場で石立像を発掘し祀る。	被害なし。残った人で世話をしている。	例年どおりだが、100軒中48軒が仮設に移り、子どもがいない。	地蔵盆をしても子どもがくるかどうか心配している。	
本庄町8(区画整理周辺)(子安地蔵)	終戦直後祀る。石座像。5年前盗まれて2代目。	被害なし。	例年どおり。当番が毎日水を替える。	地震前から子どもが少なかった。	この町は地蔵さんが護ってくれる。死者がいない。
日吉町5(?地蔵)	町の石立像と、戦前柳原から個人が持ってきた石座像。	頭が欠けたので、セメントでつくり、顔を描いた。体は割れている。町の地蔵は須磨寺に返した。	できないと思っていたが、町の人がやろうと言ってくれる。子どもも楽しみにしているから実施する。	また、元のように住めるかどうかわからないし、場所もあるかどうかわからない。	子どもの守り神だから大切だ。

71

表7　新長田駅南再開発事業地区周辺の地蔵(1)

地区	震災以前	震災被害対策	地蔵盆対策	問題点	維持理由その他
二葉町5（北向地蔵）	戦前より隣保で祀った石立像。	道具は飛び出したが被害なし。	残った数名で例年どおりやるつもりだった。	協力するから困難ではない。	北向地蔵は一番よい地蔵。親として子のためにする。
二葉町6（立江地蔵）	石座像。戦前、□さんが祀る。今は町内で祀る。大黒さんを合祀？	お社も地蔵さんも落ちていた。	全焼の町内なのに地蔵さんが隣保を護った。助けてもらったので、絶対お祀りしよう、と話していた。	再開発地域なので、高層になっても地蔵の祀り場があるかどうか不安。	信仰より有り難いという気持ち。火がそこまできているのに護ってくれた。
二葉町6（? 地蔵）	石座像。戦前より隣保全体で祀っていたが、現在4軒のみ。	隣の家が倒れているのに被害がないのでビックリした。	例年どおり。	年寄が避難して迷ったが、残った3軒でできるところで祀ろうということになった。	子どもの神さん。信仰心というより、前ではケガをしないとか、願い事をするありがたい存在。
二葉町6(? 地蔵）	石座像。戦前より隣保全体で祀っていた。	火事で家の横奥に避難させたがドロドロになった。	避難先から帰宅と同時に4軒で祀る。	再開発でも、お地蔵さんが残る事を願う。	助かったのもお地蔵さんのお陰だ。
二葉町6（? 地蔵）		被害あり。	祀れず。		
久保町5（立江地蔵）	石立像。戦前の延命地蔵は盗まれた。1945年四国より請けた。20軒隣保で世話。	被害なし。	残った10軒だけでも例年と変わらず地蔵盆をする。	都市計画になるが、何とかしてほしい。	焼け残った。地蔵さんのありがたみを感じた。
若松1（日除地蔵）	大石立像と小石座像・輪石。大は10軒で、小は3軒で。15年前は夜明かしをして祀った。	飛び出したが被害なし。	2カ所の地蔵がまとめられ、世話していた老人が地震で亡くなった。せめて地蔵盆はしたい。	祀る人が減り続けていること。	子どもを護る。地蔵盆で子どもが集まる事が楽しみ。

地区	震災以前	震災被害対策	地蔵盆対策	問題点	維持理由その他
日吉町2 タコ焼き屋「タコよし」(？地蔵)	石座像。昭和20年3月17日の空襲で町の東半焼失。地蔵首損壊。戦後首を治し井戸に祀る。昭和22年堂完成。昭和30年堂建替。Iのお婆さんが世話。町内で地蔵盆。もともとは、隣保で世話してきた。	お社、提灯、テント、皆焼けた。首がとれたので接着剤でつけた。2月1日まではYさんの家で祀ったが食器棚の仮設のお社を元の更地のフェンスに紐でくくって復旧。	迷った。初孫もいるし、昨晩やると決断した。子どもには7地蔵以上参詣させたい。須磨寺に納めることは住民が反対している。	私が、花に水水を日に4回入れ換える。Iのおばあちゃんや周りの住民がなくなってその苦労がわかった。	町内の守り神で、新聞にもでた。粗末にできん。去年までは子どもが走り回っていた。ささやかだが接待を用意した。副会長も近く戻ってくる。あそこに置いたからにはキチンと祀る。
日吉町2 靴屋さん	地蔵盆には町内でお祀りしていた。	落ちていた地蔵を拾った。焼けて、アツアツだった。	6月頃、焼けたおヤシロ(祠)を作りなおそうとしたが予算がない。	社の貯金がある。チリヂリになった皆で決定せねばならないが、集まって意思決定が困難。家が50軒から10軒になったから。	子どもの守り神だから。
日吉町2 ミシン屋さん			今おるもんだけでもムリせな。子どもがくればお菓子もやりたい。広島から地蔵の絵ハガキをもらった。	再開発で先が見えない。住める見通しがない。だから新たにテント・ヤシロを買えない。	誰かがいる限り守っていく。
日吉町2 住民			子どもがいないといってやめるわけにはいかん。		住宅が増えれば、子どもも戻る。人が戻れば地蔵もまた生き返る。

表7　新長田駅南再開発事業地区周辺の地蔵(2)

地区	震災以前	震災被害対策	地蔵盆対策	問題点	維持理由その他
久保町7(子宝地蔵)	石座像。戦前より隣保全体で祀っていた。	飛び出し、建物の下敷きになり、口と鼻が欠けていた。残った家で皆が帰るまでお護りする	7月頃、やはりお祀りしようということになった。	若い祀り手がいない。	子どもがいなくても、ありがたいから祀る。
久保町7(大師北向地蔵)	石座像。戦前より隣保全体で祀っていた。	落ちていたが、被害なし。	例年どおり。	若い祀り手がいない。	地蔵さんの周りの人は、地蔵さんに助けてもらっている。
久保町9-6-15(?地蔵)	石座像。70年前より隣保全体で祀っていた。昨年より有志に委託した。	被害なし。この路地だけが残って逃げることができた。	助けていただいたので、皆で祀ろうということになった。西区の仮設からも参拝者が来る。	当番制が維持できなくなった。	ケガもなく助けられた。年に一度の交流となる。
腕塚町7(?地蔵)	掌サイズの石立像。盗まれて、須磨寺で請けてきた。20軒で祀っていた。	祀るのが15軒になった。	家修理の間、他の家に移動したが、例年どおり、地蔵盆をする。	場所がない。	年に一度のことだし、子どものことだから。
腕塚町9(子安地蔵)	掌サイズの石立像。いつ勧請したかは不明。	祠の土台が割れた。	祀り手が引っ越して寺に返そうとしたが、戻って最後の地蔵盆をしてくれる。	祀り手がいない。	子どもが授かったと10年以上参る人もいる。震災でも残った。ありがたい。
腕塚町9(北向地蔵)	掌サイズの石立像。戦前に勧請。	被害なし。	10軒隣保で祀っていたのが、6軒になってもがんばる。	人手がなく当番制がとれない。	子どもの守り神。祀らないと罰が当たる。
大橋2立江寺(延命地蔵)	戦前から町内13軒で祀ってきた。	被害なし。	意気込みは変わらない。早朝から13軒で水洗いした。	駅の東出口がなくなり寂れて人がいなくなるかと不安。	結びつきの中心。
大橋3(龍華地蔵)	小石座像。昔から10軒で祀る。百の赤提灯と名前を書いた白提灯6×10を吊るす。	周辺は焼けたが地蔵は無事。	地蔵も住民も無事だったので、問題なし。仮設に移った人や孫が戻ることを期待。	地震火事から護ってくれた地蔵を残したいが、再開発によって残れるかどうか不安。	北向地蔵を7カ所廻るとよい。地蔵で地震から助かった。町内の守り神。

地区	震災以前	震災被害対策	地蔵盆対策	問題点	維持理由その他
大橋 7(延命地蔵)	盆踊りをして祀る。子ども名の提灯を吊らす。在日住民も参る。	祀りの中心であったお婆さんたちが亡くなったり避難した。	須磨寺に納めた。ヤカタには、町内の犠牲者の戒名。	祀る人が減り続けていること。	子どもたちを護る。地蔵盆で子どもが集まる事が楽しみ。
二葉町 7(? 地蔵)		被害あり。	寺に返した。		
二葉町 8(延命地蔵)	石座像。戦前より隣保全体で祀っていた。現在 12 軒。	被害なし(台座が動いた程度)。	8月に話し合い、例年どおりとする。	継いでくれる若い人がいるか心配。	年一度隣保で会うのが楽しみ。お陰と感謝。
二葉町 9(立江地蔵)	石座像。戦前より隣保全体で祀っていた。	被害なし。	7月15日に話し合い。	問題なし。これからも当番がする。	先祖の代から続いているから。
二葉町 9(延命地蔵)	石立像。戦前、隣保全体で祀っていた。今は個人。	被害なし。	8月より話し合い。	家の建替えのなかでの祀り方。	ありがたい。子どもが無事育った。
二葉町 9(おむら地蔵)	二輪石像。明治より? 隣保で祀る。	被害なし。	例年どおり。	問題なし。代々護りとおす。	粗末にしたら後が怖い。子どもを護る。
日吉町 4 I さんS さん(延命地蔵)	木造立像。松原の行者が京都から勧請。戦争で疎開。I の父が疎開る。附属の小石は佐渡から勧請したお連れだ。	家は全壊したが地蔵は堂と台がくずれた。台は作った。	接待の菓子を減らしたのに、知らない人がお供えを置いていく。自分の地蔵さんをなくしたのだろうか。	再開発から逃れたのはいいが、子どもがいない。	子どもの事故が防げる。4 代目になる地蔵の管理はわが家の伝統。
庄田町 1 (? 地蔵)	30cm 石座像。町内会で維持。名前は不明。	祠が一部損壊。	6月から議論し、例年どおりと決定。	若年子どもが少ないので週交替の世話大変。	若い人が戻ってきてほしい。
庄田町 2 (長命地蔵)	25cm 石立像。3 班に別れて輪番で維持。昔はバラ寿司をつくった。	なし。	6月から議論し、例年どおりと決定。	共働きが多く子どもの数が少ない。	昔からやっているから。
庄田町 2-1-8 (六大地蔵)	六大の石座像。親たちが3 軒で祀っていた。	祠が一部損壊していた。震災直後に、家の仏壇より先に祀りなおした。	6月以前に議論。例年どおり実施。今年は夜通しではなく夕方のみ。	世話する人がいない。	地蔵を学校避難させ毎日拝みに来た。地蔵を祀ったので地震でも家が無事。

表7　新長田駅南再開発事業地区周辺の地蔵（3）

地区	震災以前	震災被害対策	地蔵盆対策	問題点	維持理由その他
庄田町2（立江地蔵）	30cm。赤ちゃんを抱いた石座像。50年前から、町内14軒で護る。	なし。	6月以前から議論。各500円集めて、赤飯を炊いて食べる。	なし。	ありがたいから。
庄田町2（幸祥地蔵）	70cm。侍の墓。昔、駒ケ林の浜から天秤棒で魚を運んでいた人の足に当たったのを祀った。	祠にヒビが入る。	6月以前から議論。通常は関東炊をしていたが、今年は中止。	なし。	町内の子どもが元気であるように。
庄田町2（？地蔵）	30cm石座像。60年以上前から近所数軒で祀る。名前不明。	祠の屋根が落ち欠けたが修理はまだ。	6月以前から議論。例年どおりと決定。	後継者がいない。	祭祀者は垂水に避難したが、長田が30年なので戻り祭祀の意向。
庄田町3（イッシンエンメイ地蔵）	30cm石座像。50年前からあった。1軒で祀る。	被害なし。	6月以前に決断。例年どおり。	なし。	ありがたいから。
庄田町3（霊験アラタカ地蔵）	35cm石座像。戦前から3軒で祀っており、マンション建替えの時に、一角に祀る。	家具の下敷きになったが、地蔵さんが飛び出し（身代わりで）無事だった。	例年どおり。	マンション建替え以後人手が増え、各千円集めて盛大に地蔵盆。	本当にありがたい。
駒栄町1（小松太郎地蔵）	30cm石座像。戦前からSさんが祀っている。	祠が壊れた。	例年どおり。	なし。	立ち退き（高速道路）になるが新しい所でも続けたい。
駒栄町1（？地蔵）	30cm石座像。手におにぎりを持っているので拝むと食べるに困らない。戦前から隣保5軒で世話している。	花立が落ちた。	例年どおり（昔は盆踊りをしたが、近年は人が少なくてできない）。	なし。	立ち退き（高速道路）になるが新しい所でも続けたい。
駒栄町2（安駒地蔵）	30cm五輪石。70年前に溝に落ちていたのを祀ったのと、寺に埋まっていたのをIさんが祀った。	常磐町の預け先も被害が大きいので戻す。	例年どおり（昔は派手にやっていた）。	なし。息子に託す。	地域を護る。世話をしている奥さんが入院している時に、地蔵が夜回りしていて「水をくれ」と言った夢をみた。

地区	震災以前	震災被害対策	地蔵盆対策	問題点	維持理由その他
駒ケ林2 (海泉寺墓地地蔵)		被害なし。	祀る人が少なく、供物も少ないが、祀る意欲は変わらず。	問題なし。	
駒ケ林町3-1-6 (延命地蔵)	40年前、廿酒屋台の人が祀りはじめた160cmの石座像。隣保10人で祀っている。	被害なし。	例年どおり、座布団・涎掛け・内敷は替える。供物は10軒ほど少ない。		20年前から、食中毒が心配でバラ寿司が菓子配りに変わった。
駒ヶ林4	1m石座像。4歳のときから80年、4軒で祀る。昨年からお爺さんが「もういい」といい、「供物は辞退します」と貼り紙をしている。	家は傾いたが、隣接する地蔵は大丈夫。	今年も、子どものキャンディー、大人の洗剤の供物はする。		姉の病気の時、祀ったら治った。祀らないとバチが当たる。
その他 (駒ケ林)		更地に供物が盛られた地蔵を見ると可哀想になる。			「地蔵を祀った地域は繁盛」「子どもを授かったので移転しても供物を持ってくる」「地蔵のお陰で助かった」といいあう。
苅藻通3 (延命地蔵)	30cm石立像。100年あまり20軒で祀る。	被害なし。	20軒が13軒になったが、近所の里帰りもあるので、地震を意識せずやる。	問題なし。	子どもを護る。
東尻池5-1143 (三体地蔵)	30cm前後。大中小の家族地蔵と隣の一体。40年前、菅原から移し個人で祀る。	無事。	どうせなら、よけい派手にしたいが、近所の人が少なくなり、お供えが半分になった。	問題なし。	家族ごとの提灯を作り、家族を護る。50程提灯がある。
東尻池6 (?地蔵)	50cmの五輪石。戦争で世話する人がいなくて移した。15軒の隣保で祀る。	被害なし。	例年どおり。逆に盛大にしたい。	最近は若い人も手伝ってくれる。	子どもを授かった。地震のときも護ってくれたので、記念撮影をした。

表7　新長田駅南再開発事業地区周辺の地蔵（4）

地区	震災以前	震災被害対策	地蔵盆対策	問題点	維持理由その他
浜添通1(立江地蔵)	30cm 石座像。戦前からあるらしい。2軒で祀ってきた。	倒れただけで被害なし。	地震は気にならない。	一軒になってもキチッと祀る。問題なし。	親の後を受けた習慣だ。
浜添通1(北向地蔵)	30cm 石立像。戦前あったのを、戦時中に丸山に避難させ、1952年に戻す。	特になし。	個人なので意識しない。	特になし。	親から受け継いだ。被害がなかったのは地蔵さんのおかげ。
浜添通3(延命地蔵)	20cm 石座像。町内のもので30年前に個人で世話する。	倒れただけで無事。普段は家中で祀る。	6月以前から。例年どおり実施するつもり。	子どもに継いでほしいがわからない。	ありがたい。イボが願をかけると治った。

表8　改良住宅と周辺の地蔵（1）

地蔵名	立地	建立・配置	信仰	形状	利益
一番町3(天命地蔵)	30cm 石座像二体。一方は50年前、他方は近年祀る。市住2号棟で祀る。	市住は半壊だが祠は無事。祠を新調した。	問題なし。今年は、付近の震災犠牲者6名の遺影も祀る。	若い人も多く、問題なし。	今年は慰霊の意味でも祀る必要がある。
一番町3市住(北向地蔵)	30cm 石座像。元四番町3丁目街路にあった。個人が8階で祀り、地蔵盆は棟で祀る。	祠は崩れたが、地蔵本体は発見された。	地蔵も人も被害なし。周辺店舗がないから、100軒だった供物が66軒に減った。	特にない。	子の就職時にテントを寄付。妊娠中の娘が地蔵を発見した。
四番町3市住24号棟(福地蔵)	15cm 石座像。80年前祖父が祀った。	祠が飛びだしたが、地蔵さんは達磨落しで残った。	震災の後なので、子どもが多く来るのを期待している。	昔から祀っているから子どももするだろう。	昔、須磨寺に納めたら不幸があった。
四番町5西端市住(延命地蔵)	10cm 石座像。市住のTさんが祀っている。	被害はない。	貼り紙「震災のためお供えは遠慮します。T」		
四番町5西端市住(延命地蔵)	20cm 石座像。Nさんが祀っている。	被害はない。	貼り紙「震災のためお供えは遠慮します。N」		

地蔵名	立地	建立・配置	信仰	形状	利益
四番町5西端市住(延命地蔵)	20cm石座像。Kさんが祀っている。	被害はない。	貼り紙「震災のためお供えは遠慮します。K」		
四番町5西端市住(延命地蔵)	戦前は路地ごとに親が祀っていた。KGさん宅前で祀る。	地蔵さんは助かった。	盆踊りは中止だが、接待はガレージでする。励みになる。	大事にしたい。	
四番町5西端市住(ひとこと地蔵)	40cm石立像。7年前高野山で請けてきた。		接待はもともとしない。		
四番町3市住18・19号棟(戻り地蔵)	10cm石座像。昔の村の人が住み当番で世話し、盆踊りをする。		今年に限り、番町地区44人の犠牲者の新仏の供養をした。		幸せが戻るから。
四番町5市住2号	個人が10cm石座像を祀る				
三番町2(周辺)	10cm石座像。	祠崩壊。台座の上に祀り地蔵盆をする。			
三番町2(□地蔵)(周辺)	30cm・15cm石座像。母が戦後から祀った。		供物が沢山ある。		
三番町5-5(立江地蔵)(周辺)	30cm石座像。戦後、四国からもらってきて隣保で祀る。	家がなくなって供物が70軒から30軒に減った。	帰ってくると期待して、例年どおりする。		震災では地蔵のおかげで助かった。子どもの守り。
四番町2(Oさんの地蔵)(周辺)	30cm石座像。他所からOさんが10年前に預かった。	無事。			
四番町3(?地蔵)(周辺)	15cm石座像、20cmと50cmの一石五輪、15cm力石を個人で戦後祀る。	祠が飛びだしたが、地蔵さんは達磨落とし状態で残った。			

表8 改良住宅と周辺の地蔵(2)

地蔵名	立地	建立・配置	信仰	形状	利益
四番町3(立江地蔵)(周辺)	20cm 石座像。祖母が近隣の地蔵を預かった。子どもに接待として茶の子(菓子)をだす。	自分の工場の前にテント張りで出す。			
四番町5(立江地蔵)(周辺)	15cm 石座像。明治生まれの祖父から祀っている。	場所を移動して西から東向きに変えて祀る。	例年どおり、代々祀るものである。	受け継いでいく。	
四番町5(周辺)ホルモン店	40cm 石座像。店の奥の外に向かって祭壇。		地蔵に両親の写真を添えてある。		
四番町6 不二整備(延命地蔵)	10cm 石座像。明治生まれの親の頃から個人で祀る。	そのまま残った。	周辺の家が壊れたので、花をたてて祀るだけである。		
四番町7K 医院(周辺)	2 地蔵を祀っていた。	瓦礫と一緒に持っていかれた。何もない。			
五番町2(康子地蔵)(周辺)	元六番町の地蔵。戦前、戦災死亡児のために祀り、13 軒で維持する。	埋まっていた。7月に掘り出し、新しいヤシロ(祠)を作った。	今は2軒で、間借りで祀っている。今年は寂しい。	世話人の再建が未定なので地蔵も不明	昔からなので粗末にはできない。
五番町3(一力地蔵)(周辺)	15cm 石像。子どもが多いので10 軒で祀っている。10 年前からお婆さんが世話をしている。	被害なし。	8月初めから検討。今年は子どもだけのものということで、ひっそりとしたい。		子どもを護ってくれる。悪いことがない。
五番町5(改良住宅周辺)(子安地蔵)	70 年前に祀る。現在、マンション2つで祀る。	落ちたが無事。	8月初めに検討。今年は小さくなったが、来年は復活させたい。		子どもの無病息災を願う。マンションの守り神。

地蔵名	立地	建立・配置	信仰	形状	利益
五番町7(立江地蔵)(周辺)	15軒で15cm石座像を祀る。	掘り出して地蔵を預かる人、ヤシロ（祠）を預かる人がいた。	変わらず、昼から御詠歌をあげて祀る。	残った人が祀ればよい。近年は若い人も参加。	この震災でも倒壊がひどかったのに亡くなった方もない。
六番町4(周辺)	37年前、行き場のない30cm地蔵石像を兄弟4軒で祀ることになった。	隣の家が倒れてヤシロ（祠）が傾いた。	近所で亡くなった4人の写真を飾り、供養のため地蔵盆をする。	地蔵さんの場所がない。	火事や病気から救われる。
六番町4(立江地蔵)(周辺)	30年前、お姉さんが体調が悪く、10cm石地蔵を祀る。	首が飛んだ。家に避難している。	マンションが工事中なので、お供えをお断りした。	身内で祀っているから大丈夫。	昔からあるから。
六番町5(周辺)	50年前から近所の20軒で祀っていた。石座像。	被害なし。祀る人が20軒から3軒になった。	例年より寂しいが、7月に話が出た。	中心に世話をしているお婆さんが高齢になった。	習慣だから。

4章

長田の人と
地蔵盆

神戸市長田区は、農村の長田村と漁村の駒ヶ林村、そしてその間の湿田地帯が大正から昭和初期にかけて都市化され誕生した。市街地化事業は、神戸西部耕地整理事業組合・西代耕地整理組合などによる。番町地区は、長田土地区画整理事業組合（1924年設立または許可）による。市街地化事業に前後して、兵庫電気軌道（現・山陽電鉄）や神戸市電が開通し、各地から多くの人々が木造賃貸住宅（以下、木賃と表記）などに移り住んだ。本章では、人々のライフヒストリーを紹介し、長田区の暮らしにおける地蔵を紹介したい。

表9　長田区の市街地化と市電開通

1896（明治29）年	神戸市合併。林田区となる。	該当地
1897～1906（明治30年代）	長田村新湊川以南の耕地整理事業	現・改良住宅地区。1908（明治41）年、町名改正。
1910年（明治43年）	兵庫電気軌道長田・西代駅開業	
1914～1918（大正3～7）年施行	神戸西部耕地整理事業	新湊川西（現・新長田駅周辺、区画整理事業・再開発地区）
1919（大正8）年	旧都市計画法による土地区画整理事業となる	
1921（大正10）年 1922（大正11）年	神戸市電上沢線開通	上沢7丁目まで 長田（現改良住宅地区）まで
1925（大正14）年	神戸市電須磨線開通	大橋5丁目（現・再開発地区）まで

4—1　理容と美容の夫婦と地蔵

理容のMさんは、1958年19歳のとき、岡山の地方から出てきて□理髪店で1年間丁稚奉公をした。ワンキュウ（1カ月に1回の休み）といって、小遣いなし。店舗で寝かしてもらい、食事はついてた。理容学校の夜間部に1年半通って技術を身につけた。

店は、2階に6畳と4畳半、表に2畳半あって、従業員は独身ばかりの6人（うち女性2人）＜京都、播磨の神崎郡、福岡、淡路などの出身＞が住み込んでいた。先代のおばあちゃんが2階で寝ていた。夏は暑い。裏の物干し台で寝ている者もいた。1階は、店の裏の4畳半が食事場兼主人の寝室、店は7坪で、総面積が

17坪であった。トイレは裏に一つ。風呂は、近くに銭湯があり、昼2時から、夜は12時まで営業していた。

　この店舗と住居の様式は、阪神大震災復興区画整理事業の事業用仮設住宅であり、共同住宅再建で、1階店舗と裏部屋、上階住居にも、引き継がれている。事業用仮設、共同住宅ごとに、理容と美容の併用店舗の内装に多くの資金を投入するのは、後に紹介するが「職人は道具・内装にカネをかけてしまう」という気質を反映し、人の暮らし方は変わらない。

　営業が朝7時からなので、職人の起床は朝6時。6時過ぎにばさん（お婆さん）が小さな押し車で、街中にアサリ・シジミを売りに来る。6時半頃、朝食にあさりの味噌汁が出た。主人、先輩が先に食事をし、若い者は朝起きたら店の洗面台で顔をあらって、主人、先輩の後から食べ、先に食事が終わるようにして、すぐに店の鏡を磨く。花に水やり、開店と同時に掃除をする。「はよせ。早飯・早糞が芸」といわれ、「客をまたすわけにはいかん」と教え込まれた。

　昼は、順次交代で食事をする。どんぶりめしである。大きな煮つけの鉢。これ

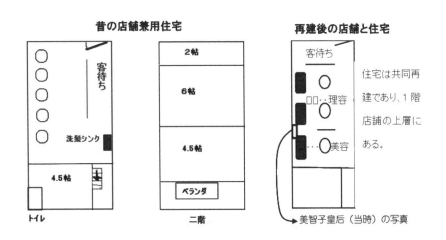

図19　理容美容職人夫婦の店舗付き住宅

を5分ぐらいで食べる。当時は常時客が待っており、客がとぎれることがないので忙しい。立ちずくめの仕事は足がだるいが、3カ月もすれば慣れる。夜は10時まで営業し、閉店後にタオルの洗濯をする。冬はタオルを干したら（手作業なので、干している尻から）凍った記憶がある。このようにタオル干しを日に3回くらいする。梅雨の頃は、干す場所がないので部屋の中がタオルだらけになった。夜11時に店を閉めて後片付けや掃除をして風呂屋に行く。

　菅原は戦災の（空襲による）焼け残り、来た当時は昼の2時を越えると、田舎の縁日のような人出であった。当時は電気冷蔵庫がなかったので、奥さんは毎日買い物に出ていた。しかし、師匠の家には、氷で冷やす冷蔵庫があった。当時は散髪屋だけでなく、どこの店にも、住み込みの従業員がいた。洋服（仕立て屋）や、クリーニング、食堂、ブラウス縫い合わせ（洋装店）など、みな2～3人の住み込みの従業員を抱えていた。

　先代には跡継ぎがいなかった。長女は職人夫婦で、大阪で仕事をしていた。そのため29歳（1967年当時）の私が結婚して後を継ぐことになった。

　先代の親戚に伊丹のパーマ屋の娘がいて、隣にあった美容院に働きに来ていた。先代は私が27歳の頃、隣を美容院として買い取り、先輩の奥さんにやらせていた。こうして、2人は結婚し、理容・美容のペア養子ということになり、髪結い亭主（パーマ屋を嫁にしたら男は遊んで暮らす）というけれど、私ら夫婦の場合どっちも働いてきた。

　仕事はわずかづつであるが、ずーっと上り調子だったが、1985年頃（正確には1985年、学園都市まで地下鉄が延伸。1987年、西神ニュータウンまで延伸）、市場が少し歯ぬけになった。今から思えば壮年（層）が郊外に移っていったのだ。

　震災で、「ちびんこ」になった若いころから使っていた愛着のある道具が焼失した。自宅は全壊やったけれど、まさか、地震の後の火災で焼けるとは思っていなかったので、何も持ち出せなかった。近所に寝たきりの人がいて、住宅の2階が落ちてぺっちゃんこになったので、助けにいった。ベッドの枠で掘り出した。懇意にしていたので、学校まで戸板に乗せて避難した。そのあと戻ってきたとき、地震発生

から3時間後の9時頃だろうか町に火が出ていた。。

　震災で菅原3丁目で、28人が亡くなった。今から思えば、昔は少しお金が入れば家の増築をやっていた。これが危ない。昔の家は、基礎に手を入れていないので、根がくさっていたのではないか。目先のことで精一杯で、店の内装にお金をかけてしまう。先代は道具に金をかける道楽者であった。私の店も2回改装している。国民金融公庫で借りて5～7年で返す。終わるとまた改装する。借金ばかりして、返すためにまた仕事をする。椅子も入れ替える。客は気がつかないが、私は気分よく仕事がしたいのですぐ金を使ってしまうというのが職人である。

　20年前までは、戦災のなかった御菅（御蔵菅原）には地蔵が多かった。菅原3丁目（約1ヘクタール）だけでも、20もの地蔵があった。地蔵盆には接待と称して、ばら寿司を子どもに食べさせた。だから、近隣の八百屋には、地蔵盆の前はトラック一杯分の注文があったほどである。しかし、地蔵の祭祀は、主導権を誰がとるかでもめ、若い人が働きに出るようになると、だんだんとやる人が少なくなってきた。路地ごとで祀ってきたものが、10年前から、熱心な高齢者の個人だけが祀るようになった。そうして、祀る人がいなくなればお寺に返す。それで、最近は、路地の奥に4つほど地蔵が残るだけになってしまった。御菅出身で他地に出た夫婦の子どもたちは、（地蔵盆）当日来るが、お菓子ばかりを目当てにして（拝まない子が）いる。街に住む子が少ないのが問題であった。

　私はお地蔵さんを祀ったことはないが、祥福寺（元花園大学学長山田無文が住職をつとめる）がボランティアで被災地の土を混ぜて地蔵を作ってくれるというから、申し込んだ。死んだ人の慰霊の意味もあるから是非やりたかった。

　ところが、まちづくり協議会では、「地蔵を誰が管理するのか」「どこに置くのか」ともめた。そこで、一応、（菅原）3丁目で、地蔵を借りて地蔵盆をすることになり、「地蔵盆だよ、御菅に帰ろう会」が開かれることとなった。当日は、御菅の土で作った地蔵さんを借りてきて祀り、ご飯をあげ、夜は焼肉をしてみなで食べた。

　震災直後、天皇皇后両陛下が菅原に来られた。帰り際、バスのなかから美智子皇后が住民に向けてこぶしを握りしめ、両腕をあげて「ガンバレ」と励ましてく

れた。皆、感動した。それから3年ほどたった頃、店舗住宅が再建できたとき、両陛下が再び菅原に視察に来られた。そのとき、美智子皇后（現、上皇后）の背景にたまたま新店舗住宅が写った写真があって、それを贈ってくれた人がいた。その写真は、パーマ店のシンクの脇に今も飾ってある。

4—2　商店街夫婦と地蔵

　震災後に出会った商店の奥さんに話を聞いた。商売と復興まちづくり、子育てと地蔵が重なる情感あふれた物語であったので、以下に報告する。

　私が結婚して田舎からはじめて神戸に来てみると、長田の商店街は万国旗がはためくにぎやかな商店街で、町の人が私を大歓迎してくれたのを覚えている。主人はよく動く人で、民生委員、自治会役員、商店街役員など地域活動をしながら働く。そのたびに私は店を守ってきた。

　地域のことは子どもが小さいときにはわからなかった。（靴底貼りの）ミシン場の少し元気な言葉や、韓国の人が多い事も、子どもが小学校に通い出して初めてわかった。ちょうど、子ども会が出来たばかりで、サザエさんやドラえもんの子ども神輿を作ったり、飯ごう炊飯、餅つき、バスを仕立てて芋ほり・イチゴ狩りに行った。その頃、子ども会の母親でソフトボールチームをつくり、朝5時から公園で練習をした。地区の子ども会ソフトボール大会では12チームが夜にトーナメントをした。当時の長田区は子どもが多かった。

　商店街や役所が関わる組織になると、普通、女は口を出さない。しかし、6月の2回の休みには、男同士、女同士の別の一泊旅行があった。ゆっくり互いの姑や主人の話をし、商店街の連帯感をやしなった。

　ところが震災後、この商店街は火事がなかったので都市計画による行政支援のまちづくりにかからず、当時、誰でも日々の被災生活に追われ、自分で再建する気力もわかないまま、つぶれたままの店・住宅が多い商店街だった。商店街の中の被災した更地には、汚くしておくとゴミが集まり、さらに汚くなる。こうしたなか、倒壊商店家屋の同時解体を役所とかけあい、さらに1年してから、女たちが「ほっ

とけない」と、掃除、かたずけをはじめた。

　震災後1年目の1996年に、1周年のウォークラリーが通るというので、商店街の更地に花を飾ることにした。柵（フェンス）がある他人の土地でも、許可を得て雑草をとった。トマトも植えた。プランターに球根を植え、町の人が自ら写真を撮りたいほどになった。田舎の実家から葉牡丹を100個持ってきてもらった。故郷はありがたい。

　1998年、商店街女性部では、ルミナリエ（被災の年から慰霊のために12月に行う神戸のイルミネーション大規模祭典）にあやかって、針金の中にプラスチックのベルを切って入れ68個の手づくりの星を作った。それが、「ささやかなルミナリエ」ということで、TVで放送された。1999年の商店街連合の復興祭のときに、風船でアート造形を作り飾った。「落ちたらどうするか」と2ヵ月考え抜き、ベニヤに風船をくくりつけた。後で、既製品が一ケ20万円で売っていることを知ったが、公的なお金を使うと気がねする。「自分らで、安あがりの手作りでえーことしよう」と（商店街の仲間で）心がけた。地域は、震災で、全国の多くの人に支えられた。地域（内部で）も助け合った。そのささえあいの交流の場に商店街はなりたいという意味（決意）のアート造形にした。

　2000年1月17日には、手作りキャンドルづくりをした。東急ハンズでクレヨンを溶かしたカラーキャンドルづくりをしていたので、これをやってみようと、老人会・子ども会に呼びかけた。商店街の仲間が、ヤクルトの空き瓶を持って集まってくれた。この行事はNHKが中継した。

　商店街の広場は、アイウォーク（神戸まちづくり研究所支援）の3回目（2000年）に、最後の街角創生事業（商店街地域の空地〔未利用私有地〕を地域で活用するなら行政支援する制度）としてプランナーAさんがすすめてくれた。女性仲間は、どうしても重要なことだと感じすすめたかったが、他人の未利用地を借りるのに地域の合意が必要であった。このとき主人が商店街理事会と調整してくれた。

　そのうち、励ましの絵手紙を商店街に飾ろうということになり、ストリートギャラリーを思いついた。主人が設計、家具屋さんのダンボールを型紙に、角材・パネルを

切って、3人でイーゼル（絵を展示する木枠）のキットを作った。いつもの「商売人ものづくり発想（周りにある材料を加工して、必要なものを手作りする）」となった。商店街の皆さんが電動ドリルを持って広場に集まってくれ、みんなで一緒に作った。共同作業で気分が高揚して「成功やったね」となった。

　ちょうど長田郵便局で絵手紙教室と、全国からの励ましの絵手紙展示があった。それで、青空絵手紙教室をしないかということになり、ボランティアの先生を呼び、広場でやった。2001年には名古屋市立H中学の受け入れプログラムとして絵手紙を実施した。これらの事は、向かいの4歳上の家具店の奥さんに相談したら、いつも二つ返事で賛成して（女性仲間が一緒に動いて）くれた。

　「再開発がすすむ町も、再開発の周りの町もお互い栄えたい。この町の人が、この町を好きで、生きていくことで町は続く。この町が好きで、ゴミを拾ってくれるような普通の人を増やしたい。そうして、この町で子育てしようと思う人を増やしたい」と奥さんはいう。

　震災後、被災して全壊した店を再開した。この商店街に90年も世話になり、多様な地域生活のニーズに応えられることを目指した。娘が2人いるが、店を継いでくれる。もう一人の娘は、電気工事技師の嫁となり近所に住んでいる。孫が、（娘を通わせた）幼稚園にいっている。娘のマンションでは、娘の近所の若いお母さんが、私を「グランマ」といって慕ってくれる。一方で、近所のお好み屋のお兄さんは、2人の子どものチョウチンを、△商店街地蔵に奉納してくれた。こんな町がいい町だという。

　この商店街では、昭和39年に地域の商店が中心になって△商店街地蔵を設置した。もともと路地ごとには多くの地蔵さんがあったが、商店街が主体となって地蔵を設置した。近くの寺から地蔵石仏をわけてもらい、代表のうどん屋さんが四国の立江寺から地蔵を背たろうてきて、商店街でショウネン（魂）を入れてもらった。当初は、路地に置いたが、議論をして、普段は寺に預けている。当初は仲間の食堂に頼んでバラ寿司を出した。地蔵盆の23日のみ、商店街の空地のあるところに飾る。商店街以外の人や、嫁入りした先の孫も含め、子どもの名前を書いた

奉納提灯を飾る。初めて生まれた子は、7カ所の地蔵さんめぐりをする。戦後すぐは子どもはいっぱいで、塩豆を子どもに配った。最近は菓子を配る。地蔵盆のとき、嫁入りした子どもが里帰りしてくる。お菓子のお下がりを通じて、いろいろな子ども、大人に会えるから楽しいということで、大阪の孫も地蔵盆にはやって来る。

4—3　再開発事業地区 のミシン屋さんと地蔵

　○さんは大橋□丁目で、シューズを縫い合わせる大型のミシンを販売、リースする商店を営んでいた。震災前は、スカイビルという再開発ビル（昭和40年竣工）に入り、そこの理事長をしていた。自宅は商店街の裏の大橋□丁目である。

　その自宅前に、地蔵さんが安置されていた。1995年の秋に祠の中をのぞいてみると、地蔵はなく、7名の被災死亡者の名前が書かれた色紙が入っていた。

　○さんによると、「今まで、何という地蔵さんか知らなんだ。おばあさんたちが世話して祀っていた。震災で、そのお祀りの中心のお婆さんが親戚や郊外の仮設住宅に移っていかれた。連絡しても、「チュウブやから、そっちへ行けるかどうか」とか、「明石へ行ってしもうて、日曜ごとに子どもに車に乗せて（大橋7丁目）まで送ってくれとはいえん。花の世話もできん」という。去年までは、お婆さんたちがやっていて、「道具を出すのも、若い者にはさわらせなんだ」という。

　仕方なしに、どうしようかと傾いた祠をのぞいてみたら、「延命地蔵尊」と書いてある。それで、近所の延命寺に連絡したら、先代のおじゅっさん（住職）のときに地蔵をお渡しして、代々祀ってきたという。

　昔は子どもたちがみんなこのお地蔵さんに世話になった。子どもは七カ所地蔵さんを参ったら守ってくれるといって回ったんですわ。町内を西と東にわけて、隔年でお世話をして、御詠歌あげてやってました。しかし、子どもは町内に4人しかおりません。元の寺にあずかってもらうしかありません。7丁目に住んでおられる韓国の方も、地蔵盆に参ってはくれるが、御詠歌まではできない。今、建てている（再建した）家にお願いしようと思っても、呼んでも返事がない。昔は、女の人が家にいてゆったりとしていた。今は共稼ぎで、地蔵さんのことはあきませんわ。

それで、7月30日9時からが最後やから、亡くなられた七名の戒名を読んでもらってお祀りして、最後の地蔵盆をしようと思う。人を寄せるだけ寄せて、残った地蔵さんの金はみな使おうと思う。再開発のビルが建つころには、私はおるかどうか。生きとっても、阪神高速道路はうるさいし、ビル風が吹くんやったら、生まれ育ったこの町を出るかもしれへん。

　別な方によれば、ここらは昔、瀟洒なエエとこやった。1939年頃にここに来た人によると、なかなかの家ばかりで、みんなそれぞれよい生活をしていた。金にも困っていなかった。ところが、今回の震災や。誰が悲しいて息子のとこへ気兼ねしていかんならん。仮設住宅の方が気が楽です。ホンマはここに住みたいねんやが、再開発にかかっている。大家が再開発のために売るといったら店子は仕方ない（借地借家法をこえた、地域の人間関係、了解事項がある）。

　それで、お地蔵さんはやっぱり、お寺に返そうと思う。それでも、地蔵は引き取ってくれても、ヤカタ（祠）はとってくれんといいます。困りました。ビルができたとき、また、おうけして戻すことができたらいいのかもしれません。

　（○奥さん）と思って、自治会も、地蔵をお寺に返すことが決定したのに、主人が突然、「よう送っていかん」といいだしましてん。「何やらもったいないようで、ワシャ送りにはいかん」といいます。結局、私が須磨寺に地蔵を送りにいきました。ヤカタや提灯などはここに置いておかないといけないといわれました。送っていった夜は、主人も私も眠れませんでしたという。

4—4　震災後に開店した、再開発事業地区のたこ焼き屋と地蔵

　再開発の大正筋を北に上がると、駒ヶ林中学がある。戦時中、1945年、空襲で地域が全焼したときに残ったコンクリートの若松国民学校の場所である。妹尾河童の「少年H」は、戦後、被災した若松国民学校の教室に板で戸を付けただけの戦災被災者住宅に親と住んだ。その前の若松公園は、震災のとき、付近の大火災から人々が避難してきた場所である。その北の公営住宅が建っている日吉2丁目は、空襲と震災で、半世紀ごとに全焼した地区である。

　震災復興の住宅の北西角で□さんがたこ焼き屋を再開した。ほんのり化粧が美しいおばさんに聞いた。

　ここら、戦前は、門構えの家もある落ち着いたところでした。庭に前栽があって、そのお嬢さんの一人が私（笑）。父は造船所の偉いさんやった。昭和20年3月17日の神戸空襲で19歳のお姉さんが死んだ。お姉さんは鉄道のガード下に逃げたところ、焼夷弾が身体を直撃、貫通した。町も自宅も全焼したが、表通りの焼け残った長屋で、母と暮らすこととなった。しかし父兄は戦死し、戦後の苦労から、母も病死した。一人ぼっちの私は、親切な町の商人の紹介で、週刊「ゴムタイムス」の記者であった主人と結婚した。昭和20年代、ケミカルシューズの始まりの頃でした。1965〜75年頃（昭和30〜40年代）、主人は「履物商法」という業界紙を創刊し、ゴム・シルク・皮革・陶業の流通情報・新式機械の情報・宣伝を載せ、ときには全国の問屋を有馬に集めて宴会をしたこともあった。

　そのうち「こら、（業界紙をつくるよりも）自分でしたほうが儲かる」と考え、新型の0.5tの高周波の折込機械を買い込み、長屋の裏にバラックをたてて、甲革の裁断面折込加工をして儲けた。靴の底貼りの貼り子など次の工程の人が待っているので、夫婦して徹夜で仕事をしたこともあった。その金で自前（自己所有）の家を建てた。

　しかし、震災前から仕事も少なくなってきたし、ミシン仕事も眼にきつい。裁断機のあった部分の半分を使い、歳をとってもできるたこ焼き屋を自宅で始めた。お好み屋は作業中、蒸気を浴びるので身体を壊すといわれ、たこ焼き屋を始めた。

　昔は、路地ごとに地蔵さんがあった。付近には「家賃数千円風呂なし」という古い長屋が60軒ほどあった。空襲で焼け、震災でも生き残った地蔵さんが、私の路地にもあった。お世話をしていた裏のお婆さんが、娘の所に避難するので、私に世話を任された。子どもができて地蔵盆に参加したこともあったので、祀る台座を無くした地蔵さんを、本箱に祀ってお世話をすることにした。

　昔から8月23日には地蔵盆をした。リンポ（隣保：近所の組）で薄焼き卵（上手なおばーちゃんがいた）、1升の米炊き、ひじき炊き、コーヤ炊き、を分担してバ

ラ寿司を作る。晩に皆で御詠歌をあげて、その後、食べる。町の人から「供養」として菓子をいただき、お詣りに来る子どもに菓子を配った。この夜は、リンポの人が夜通し話しこんでいた。

　震災では、私の家は大丈夫だった。しかし、裏長屋は全部倒壊した。当時は、学校に避難している人や、郊外の仮設住宅にいる人もいた。はよのいて、みなさんが戻れるように、早く移転して再開発に協力せないかんと思った。1997年、8坪の事業用仮設に移った。2000年、新しくできた市営住宅（再開発事業従前居住者用住宅）に住み、10坪のたこ焼き屋を持つ（個人所有）。震災で残った家を処分したお金を全部吐き出しても、まだ借金が残る。

　それでも、新しい住宅に地蔵さんを置くことができ、住宅の角にたこ焼き屋があることが、子どもたちの安心になれば、それでいい。この町に70年住んできたんやからという。

　そういいつつ、おばさんは丸いたこ焼きを次々と、皿に盛って持ってきた。「子どもも少なった。誰も来んのやけど……」といって、たこ焼きと、それをつけるツユを置いていった。大阪のたこ焼きはソースをぬって食べるが、神戸はイリコだしのツユにつけて食べるのだ。

　（このたこ焼のおばさんは、現在は亡くなったが息子さんが店を引き継いで営業している。）

図20　再開発住宅の角に開業したたこ焼き屋

5章

神戸の地蔵盆

5—1 旧市街地の地蔵

・中央区中山手8丁目Sさん

叔母さんが地蔵さんを祀っていたが、その後、従兄弟が祀っていた。子どもの頃、慣れ親しんだものだ。ところが、震災で祀っていた人が亡くなった。市営住宅の廊下に祀っていたが、市営住宅が全壊したために、別な市営住宅の私の部屋に祀る様になったが困っている。被災直後は、どこか町内会でも、引き取って祀ってもらえないかと考えておられた。

・中央区港島壱番地蔵

人工島のポートアイランドにも、1986年安置の「港島壱番地蔵」がある。1985年、初めて子ども会ができた。ちょうど会員の小学2年の女児が病没し、両親はじめ地域の人が悲しんだ。公団の敷地に宗教施設を置くことに異論もあったが、「夢とロマンの海上都市」にあこがれて入居したが、何かが足りないと思っていた当時の自治会長（当時44歳）が決断した。提灯をぶらさげて地蔵盆をするようになった。子どもにふるさとを提供したいと考えたという。

・兵庫区須佐野4丁目Yさん

父が子どものときには、国鉄の官舎があって、子どもがたくさんいたので、お地蔵さんを祀っていた。震災で、本体のみ残ったが、家も半壊で大変である。どこかお寺に納めようと思ったが、誰かに祀ってもらった方がよいのかとも（震災直後）思案しておられた。

・兵庫区上沢3丁目Tさん

十数軒でお金を積立（14万円を普通貯金、10万円を定期貯金）していたが、震災後の火事で通帳が焼けてお金が出ない。中心のTさんは西区の西神第2住宅に避難しつつ、地蔵盆をどうしたものかと悩んでいた。北向地蔵が良いといって、2体祀っていたが、1体だけが割れてみつかった。その地蔵を、ひっつけている。娘のマンションに置いているがどうしたものか皆で相談している。

・クッキー工房マミー（旧神戸母子寮）の地蔵（兵庫区湊川町）

ほほ笑みながら両手を合わせる高さ15センチの陶製のお地蔵さん。その穏や

かな表情には、震災で倒壊した神戸母子寮の下敷きになって亡くなった5人を悼む気持ちが込められている。

　神戸母子寮は、戦争で父親を亡くした母子らを一時的に援助する施設として、1935年ごろ神戸市兵庫区湊川町10に建てられた。戦後しばらくしてからは、事故や病気で働き手を失ったり、家を捨てて駆け込んできたりした人たちを預かるようになった。経済的自立や新生活に向けて準備し、いずれは出てゆく場所だが、互いに支え合い大家族として生活していた。

　震災の日。母子33人と職員のＡさん（当時67歳）が暮らす寮は一瞬のうちに木造2階建ての1階部分がつぶれ、10人が生き埋めとなった。午前中に7歳と2歳の子どもを含む4人の母子が、午後に、パジャマ姿で電話の受話器を握りしめたＡさんが遺体で見つかった。

　「揺れた瞬間に『みんな、逃げなさい!』と、Ａさんの叫び声が聞こえたそうです。受話器は、皆のために助けを呼ぼうとしたのか……。母子寮の再建のために設立された社会福祉法人「神戸福祉会」（兵庫区）の事務局長は話す。

　お地蔵さんは、当時寮にいた小学生2人が、亡くなった5人の供養のため、京都のお寺で粘土をこねて作った。寮の仮移転先の部屋の祭壇で大切にされていたが、寮の跡地に共同作業所「クッキー工房マミー」が建てられた96年8月、同時に作られた小さな祠に、以前からあった1体と合わせて移された。

　新しい寮は97年4月、約700メートル離れた長田区前原町1に母子生活支援施設「ライオンズファミリーホーム」として再建された。入所者や職員は入れ替わり、震災当時を知る人はほとんどいないが、ホームの談話室には5人の遺影が飾られ、毎月17日には、お地蔵さんに花がささげられる。（震災メモリアルウォークの記述より）

・須磨区太田町　□清さんご夫婦

　□清さんは養父母に育てられたが、経済的な理由で神戸一中を中退し、通産省系列の技術伝習所（現在の東京電通大学）で学び3級無線通信士を志望したが、戦争で夢はたせず、いろいろあってタクシー運転手になった。1953年に、結婚してこの長田に住み着きました。20軒の長屋の隣保で、延命初音地蔵を祀っ

ていた。だんだん個人が地蔵さんのお世話するようになって、最後の人がよう祀らんといって須磨寺に納めた。ところが、妻（清子）の夢にお地蔵さんが出てきたので、あわてて須磨寺を探したが元の地蔵が探せなかった。それで、知り合いの四国の人に地蔵像を彫ってもらった。

　夢といえば、妻が地蔵さんなら、私は富士山や。子どもの病気のことで悩んで拝み屋さんに相談すると、夢に富士山が出た。天地鳴動して大変なときに、浅間権現が出て先祖供養をせよという。それで 10 回以上、お山に登ったという。

　□清さんは書道師範の資格を持ち、読書が趣味で講演会を聴いては講師の著書を読んでいた。物事をつきつめたいという知識欲から、8 月 1 日には、必ず富士山に登ってご来光を拝んでいた。大峰さんにも数度行き、四国八十八箇所も、10 回に分けて踏破した。しかし、他人に教えたり、地位を求めたりそれをひけらかすことを嫌い、集団での行動を好まなかった。その中で、地域の人の初盆供養提灯に「南無阿弥陀仏」の文字を紙に書いて贈り、それを盆提灯に貼り付けた。

　震災で全壊し、自宅跡は更地になっていたが、自分の土地やし、戻ってバラックでも建てようかと思う。あそこは、やっぱり路地のエーとこやった。あの広い道路（中央幹線）ができて、居住環境がサッパリや。押部谷の公団住宅空家を仮の住居（UR 借り上げ仮設住宅）として割り当てられ、避難してきたが、今年も、あっち（太田町）に戻って、地蔵盆をしたい。しかし、地蔵さんのテントがあるやろうか、発電機があるやろうか。リース屋さんに相談したい。お地蔵さんのことやったら、自分で金出しますといっておられたが、地元の方の協力もあって実施できた。

　私（奥様）は、普段の化粧品や身のまわりの物を始末して年間5万円ほどを、地蔵さんに使っている。お経をあげているときは、お茶と三角のお握りを供える。更地での地蔵盆は、電気が引けるか心配だったが、隣の工事をしている人が、勝手に使ったらといってくれて、特別な工事をする必要がなかった。

　しかし、被災 1 年目の地蔵盆に参っている子8人中2人しか地元に住んでいなかった。

　隣の太田町△丁目の叶地蔵尊は、戦災で頭が斜めに割れたが、セメントで接

合させて祀っている。震災では被害はなかった。

・メリケン地蔵

　メリケン波止場には、かつて艀溜りがあり、水上生活する者もいた。なかには、船から落ちで水死する子どももいた。1987年から、神戸港を考える会、メリケン地蔵奉賛会によって、メリケン波止場の脇にメリケン地蔵を祀り、地蔵盆をおこなってきた。内海水先案内人会の奉納提灯が吊ってあった。

図21　メリケン地蔵

5—2　東灘区の地蔵盆

・東灘区旧住吉村呉田字柳　要地蔵

　戦前、長屋の要として祀った。1950年の区画整理事業で、つきあたり路地を挟んだ12軒長屋の北半分が道路になって奥に貫通する。1984年、長屋12軒とタツミ座（昔は御影の芝居小屋があった）の一帯が、隣接するKo酒粕店の所有となり、Ko酒粕店が地蔵盆の支援を強めた（詳細は第6章）。

・東灘区旧住吉村呉田元風呂屋隣接

　住吉の財産区協議会が経営する風呂屋（呉田温泉、1950年建設。まだ、海の埋め立ての工事が始まっていない頃［1953年まで］、海水浴の帰りの子どもが寄っていた。）の隣に地蔵やダンジリ小屋があった。15日には精霊流しをし、お旅公園（幼稚園隣）で盆踊りをした。数珠くりをしている老人会の人もあり、24日に

は地蔵盆をした。100ほど提灯がある。

・東灘区旧魚崎村横屋（魚崎北町3丁目）

　昔、横屋の村のおばあさんの数珠くり講のメンバーが、地蔵さんを祀っていた。畑の中にあった地蔵さんに、おしっこをかけた人がいて、チンチンがはれて命を落としたとか、悪口をいった人に罰があたったといわれている。KのおばあさんとXさんの境界に地蔵さんを祀っていた。盆踊りをしていた。震災後、地蔵さんの世話の中心であったTのおばあちゃんが震災で全壊し、借家であったので青木の仮設に転居して戻れない。転居するとき、Tさんは、水道工事の仕事で1938年から住んでいる私に、数万円預けて、「あんたにまかした」といわれ、困っている。しかし、母親も地蔵さんの世話をやっていたし、私もこの地蔵さんに世話になったので、わが家が仮設の鹿の子台から自宅に戻るときに、地蔵さんを置いてみようかとも思う。今は、ウチの敷地においてある。祠は、弟が大工なので補修してみようと思うと95年は考えていた。しかし、結局、近くの寺に納めた。

図22　ガレキを撤去した更地にベニヤで祀られた地蔵（1995年、東灘区魚崎町横屋）

・東灘区西青木

　西青木は小さな村だが、池があり米がよくとれた。中田さんは水車を持ち脱穀、野菜も多種、自給で作った。浜でお盆の精霊流しが1946年まであったくらい、旧習の村だった。

　昔は、六甲山から流れる天上川から地蔵さんが流れ着き、それを橋の袂に集めていた。後に寺の境内に移した。首無しの4体が祠に祀られている。寺の裏にはさらに46体があった。

　村のドウギョウ（同行：宗教的集団）の12軒で地蔵さんを祀っている。寺を建て替えるときに、寺裏で、接道がなく（建築基準法上再建できない）て、震災以来空き地のウチの敷地に地蔵を置いているが、寺に戻して欲しいと思っている。

　8月24日のみ、提灯をつるして女性がする。ゴザをひいてドウギョウのメンバーが大きな数珠をまわす（数珠くり）をする。ドウギョウは、四国八十八箇所巡礼が、弘法大師と同行であると主張しているところから講仲間をそうよんでいる。西国三十三番の御詠歌をあげる。講元はNさん（83歳）。今年は、この空き地に野菜を植えているからどうしようか困ったが、地蔵盆をした。

　子どもは50人ほどくるが、この地蔵だけを詣る。

　当日、17時、中心の家の孫ら4人と母が付き添い、平カネをついてまわる。叩き方は一定でなく、男の子が叩く。ダンジリのカネ（のリズム）をまねることもある。春日神社の前を通る小さな範囲（昔は、墓守も含めて13軒といわれた村）を回る。

　地蔵は空き地で祀り、昔、Nさんの長屋門に続く蔵があった場所にゴザを敷き、西国三十三所と般若心経をする。供物も3つほど、菓子は50ほど供えられる。

　参加者は、お婆さん9（内浴衣姿1、全員振り鈴持ち）、子ども17（男7[内じんべ2]、女10[内着物7]）、見守りは、爺1、母6（内3人がカメラ持ち）、父1。後半は子どもの後ろでうちわであおぐ。

　終わると、数珠で「頭がよくなるように」とさすってもらい、お菓子をもらう。ただちに、提灯を撤収。提灯には、電灯が入っていない。提灯の名前はほぼ確認できるし、近くに住んでいる孫もある。地蔵盆というより、村内の「講」の数珠くりを、

地蔵盆のときにしたという印象である。

・本山国道2号線の国道地蔵（再建）

　JR摂津本山駅の南東、本山中町の国道2号線の北側に1932（昭和7）年に建立された「国道地蔵」は交通安全のためのお地蔵さん。震災で壊れたが、98年8月、再建された。地元有志23人が発起人になり再建実行委員会を作って建て直した。交通事故と震災犠牲者の供養を祈念している。

図23　倒れた国道地蔵でも地蔵盆をする（震災アーカイブより）

5—3　地域ごとの地蔵盆の違い

　京都の地蔵盆が、町単位の百万遍数珠くりと連動しているのに対して、大阪は盆踊りを中心としている。子どもがたくさんの地蔵をめぐることは、京都ではなさそうであるが、大阪にはある。尼崎、西宮でも数珠回しや地蔵めぐりがあるのに、東灘では村ごとの数珠くりが中心である。しかし、東灘での地蔵めぐりがないわけではない。子どもたちの地蔵めぐり（お接待）は、阪神間の古い都市部の習俗のようである。

　興味深いことに、「お接待」の消費的な（派手な）配布に熱心な長田区では、23日のみに地蔵盆を実施している。宵宮の菓子配り、盆踊りに全力をかたむける長田区、および、それに「お接待」で連動する須磨区、兵庫区では、23日のみに地蔵盆がおこなわれ、24日は撤収にあたる。これに対して、第二次世界大戦後に神戸市に編入された東灘区では、24日、旧の村ごとに詠歌講（尼講）の

講員とその孫たちが、地蔵の前で数珠くりをした。菓子配布もそのメンバーだけであり、農村部の民俗行事がそのまま、市街地化されたなかに細々と命脈を保っており、長田区に比べてずいぶん質素な印象をうけた。

　一方、神戸市の西に隣接する明石市本町、林崎、大蔵谷の地蔵盆は、23日、24日早朝におこなわれる。現在では、23日のみという地蔵もある。数珠くりがある地域もある。

　地蔵盆の基本は、数珠くり・詠歌講と組み合わさった閉ざされた旧来の村コミュニティのなかにおける民俗行事である。したがって、東灘区のように市街地化されても、近隣のマンションや新しく住み着いた住民の子どもたちにお接待する用意は無い。これに対して、長田区などは、近代都市において、個人の信仰を基礎に、近隣・知り合いのネットワークでお供養を出しあい、宵祭における子ども接待や盆踊りが特化し、過大消費化していった。したがって撤収が大掛かりになるため、23日のみに実施された。

　これに対して明石では、宵宮の子どもに対する「お接待」は維持しつつ、24日も実施している。古い港町らしく豆茶をふるまい、数珠回しをする民俗行事も残っている。

　個々の地蔵によって違うが、筆者が確認できた範囲で一覧にすると、

表10　関西の地蔵盆の比較

地域	お接待の日時	地蔵めぐり	数珠くり	盆踊り	地蔵像の形状
京都	祭祀は 23－24 日		◎	×	石仏、五輪塔、漆像
大阪	23 日	○	×	◎ 22－24 日	石仏、五輪塔
尼崎、西宮	23 日 or24 日	△	○	○	石仏、五輪塔
神戸市東灘区など	24 日		◎	○	石仏、五輪塔
神戸市長田区など	23 日	◎	×	○	石仏、陶像
明石	23 日夜と 24 日朝	○	○	○	石仏、五輪塔

ということになる。要するに、地蔵盆は、京都の百万遍の大数珠くりが基本になり、各地の町場にそれと同様の地蔵盆が展開している。ただ、大阪、神戸では、地蔵盆が町のコミュニケーションの場として展開し、大阪では盆踊りが行事の核として盛んと

なった。神戸では、四国八十八箇所巡礼の影響で、お接待が行事の核となっていったものと思われる。

6章

子育てネットワークの
地蔵

6−1 東灘区住吉の地蔵と阪神大震災

　神戸市東灘区は、阪神間・芦屋市の西に接する住宅地である。大阪、神戸間に官営鉄道と、ふたつの私鉄（1905年阪神電鉄、1920年阪神急行電鉄神戸線[現阪急]）が開通し、大正・昭和初期から市街地化した。1938年の阪神大水害や、1945年の空襲被害を受け、そして1995年の阪神大震災では最大の死傷者を出している。東灘区の旧武庫郡住吉町は酒造で栄えた灘郷御影町に接し、戦後の神戸市合併以後も、住吉村の村内7カ町を財産区協議会（以下、協議会と称す）という地方自治法にもとづく「特別地方公共団体」が残り、共有地とともに幼稚園や会館の経営を中心に地域自治に貢献している。

『住吉村誌』に載る地蔵

　東灘区住吉地域の地蔵については、『住吉村誌』（住吉常盤会　1928、969-978）に以下の様な地蔵が掲載されている。

　街道沿い、または川から拾ってきた地蔵を、宗教者などの関与もあり個人的に祀りはじめた。（旧市街のような）近隣で地蔵を維持するというものではない。

　『住吉村誌』が刊行された1928年当時、神戸市合併前の記述であり、都市の地蔵ではなくいわゆる村の地蔵の記述である。昔は、傘屋兼提灯屋が村ごとに2〜3軒あった。しかし、提灯屋の仕事は地蔵の提灯というより、毎年派手に実施されるダンジリ祭りのダンジリ提灯の製造が中心で、子どもの名前の入った地蔵の提灯は「ついで仕事」であったといわれる。

　東灘区には阪神大震災では区画整理や再開発といった、復興都市計画の面的整備によらない、いわゆる白地地区が広くあった。住吉地区も白地地区で26地蔵で、従前に地蔵盆があった23地蔵のうち、21地蔵が維持断絶・中断せず、継続している。26地蔵の委細をみると、祀りはじめが、個人的事情であろうが村の事情であろうが、協議会で管理している地蔵は、盆踊りなどを含めて、継続性がある。長田区の場合は明治時代から神戸市に合併し土地会社に移行したため、協議会管理の地蔵がなく、個人もしくは地縁集団にまかされていた。

　長田区の場合、空襲をくぐり震災で被災したという、真黒な地蔵が人々の信仰を集めているが、住吉の場合、1938年の阪神大水害で流出し、事後に拾われたものがみられる。

　地蔵盆継続の可否は、被害の大きさによるのではなく、管理者個人の住居被害、死亡・高齢化等の継続困難性に発している。盆踊りは、協議会管理の場合には実施しやすい。

　鉄道敷設・国道整備・区画整理といった、地域の都市計画によって、地蔵は移動している。

　伝承による祭祀時期をみると、住吉地区でも、長田区と同じく、大正・昭和初期の都市化とともに祀られはじめた。農村部の地蔵を都市の祭祀として取り込んだのではなく、新都市人の個人事情を地域で共有し、ときに協議会が管理者となった。祭祀の中心になる集団はあるが、地蔵の管理責任は基本的には個人となっている。震災当時の地震については、菅野幸子が神戸大学に提出した卒業論文「震災復興過程における地蔵とそれを支えるコミュニティについて」が詳しい。

　表11、12、13、14はその成果に加筆したものである。

表11　『住吉村誌』にみえる地蔵記述

地蔵名	立地	建立・配置	信仰	形状	利益
愛宕山地蔵（火伏地蔵）	山田区赤塚山	▲油米水車中の灯篭寄進		レリーフ	火伏せ
柿の木地蔵	■有馬道路傍	★建立山嘉	◎願主廻国行者	レリーフ	往来安全／村内安全
六万体地蔵	若宮八幡脇	★O氏	天王寺？		
野望堂地蔵	櫟林⇒墓地北		阿弥陀堂脇		
北向六万体地蔵				レリーフ	子どもの病気治し
空区※の地蔵（極楽橋地蔵）	■●有馬道極楽橋⇒区会議所		雨ざらしを好む	レリーフ	墓地入口葬列がカネ連打
駅前の地蔵	I氏宅	★洪水流出を拾う⇒鉄道建設で移動			病気治し
西区の地蔵	吉田区畦⇒N氏南⇒会議所	区画が整理されると移動		レリーフ	

地蔵名	立地	建立・配置	信仰	形状	利益
百地蔵	稲荷横	★◎稲荷下ろし婆の託宣	◎蛙の祟りで病気と稲荷下し（宗教者）がいう		子どもの疣・でんぼ治し
子安地蔵	宮西旧市場竹春大明神脇	★Y氏が溝から持帰る		レリーフ＋像	
石徳地蔵	■旧国道・阪神国道交差点	★I氏	病気を高羽地蔵感得で治癒	全形像	石工・家族安全
茶屋区延命地蔵	■西国街道沿道⇒区会議所			レリーフ立像＋五輪	往来安全村内安全
旭地蔵	村境	付近の家々●			
花田地蔵（孫七の地蔵）（延命地蔵）	■辻の井戸、国道開設により観音堂併設	★孫七が世話▲地蔵講同行	◎観音堂篤信行者の碑	レリーフ立像	
馬場東の延命地蔵	M家の前	★M氏が川の石垣の楠下に祀る			乳の出ない人・虚弱者に利益
馬場東の？	県道南■	★Y家			でんぼに霊験
馬場東の南向地蔵		★Ya家が川の中から発見			
御旅所の地蔵堂（延命地蔵）	新兵衛新田御旅所	呉田の浜に打ち上げられた。★Y氏建立		レリーフ＋個人の地蔵数体	子どもの病気
要地蔵	字柳の川	隣組　●		レリーフ	
臼地蔵	街道沿八田屋隣	★八田屋			乳のお守り
立江地蔵	新兵衛新田のT家前	★T家先代が四国の立江地蔵を勧請		レリーフ	
立身地蔵	浜新田		麻耶・延命・立身の地蔵	いずれも坐像	町内安全
浜新田延命地蔵	M家北側	★元M家酒造の地蔵		坐像	

●コミュニィティ　▲　ネットワーク　★　個人　◎　民間宗教者の関与
■　街道、辻　⇒　事後に財産区協議会　※空区（地区名）

表12　住吉地区の地蔵の管理者と、震災後の地蔵盆・盆踊りの継続

地蔵管理者		地蔵盆継続	盆踊り継続
協議会	6	6	4
個人	18	13	1
不明	2		

表13　住吉地区の地蔵の開基由来

開基由来	
水害	2
空襲	1
鉄道敷設	2
個人の病気治癒・守護	2
疫病死者供養	1
個人の子ども死亡	1
置き去り	1

表14　住吉地区の地蔵と阪神大震災被害、および地蔵盆継続の動向

名称	場所	管理者	由来	震災被害	震災後の地蔵盆
ガード下地蔵	住吉本町3阪急ガード下	協議会	水害で拾った	軽度被害	中断→復活
？	住吉本町3阪急踏切	？	？	？	なし
？	住吉本町3美術館東	★個人	水害後の敷地から出土	被害あり	地蔵は避難、断絶
極楽地蔵	住吉本町2空地区会館	協議会	村内石塔寄せ集め	被害なし	継続・盆踊り
叶地蔵	住吉本町2	★個人	個人住宅の通り庭の椿の下	被害あり	継続
子宝地蔵	住吉本町1	★個人	子授けのためにレンタル可能	被害あり	縮小継続
駅前地蔵	住吉本町1駅北生協前	喫茶店	明治期の鉄道敷地に埋もれていた	被害あり	継続
延命地蔵	住吉本町2西地区会館	協議会	病気治癒祈願のため借り受け、事後、区画整理事業のときに預かる	被害あり	継続・盆踊り
？	住吉本町7幼稚園北マンション	★個人	個人が地域のため祀る	被害あり	継続

名称	場所	管理者	由来	震災被害	震災後の地蔵盆
子安地蔵	住吉本町6国道2号線沿ﾏﾝｼｮﾝ	★石屋	明治期の疫病死者供養のため	被害なし	継続・盆踊り
延命地蔵	住吉宮町3国道2号線沿	<u>協議会</u>	■街道沿い井戸近く	被害なし	継続（以前は盆踊り）
延命地蔵	住吉宮町6茶町地区会館	<u>協議会</u>	■街道沿い	被害なし	中断→復活・盆踊り
北向地蔵	住吉宮町2	★個人	川に流れていた地蔵を拾う	被害あり	断絶
子安地蔵	住吉宮町2	★個人	●お産に霊験ありと地主・地域で共同祭祀	被害あり	継続
延命地蔵	住吉宮町2	★個人	明治期、近隣の安全を願い	被害なし	縮小個人祭祀→地蔵盆のお供えが集まる
延命地蔵	住吉宮町1	串カツ屋	★個人が拾う	被害あり	接着剤処置・中絶
子安地蔵	住吉宮町1	★個人	空襲焼け跡から拾う	被害あり	接着剤処置・継続
火災延命地蔵	住吉宮町1	★個人	土地付きの地蔵	管理者×	中断→縮小継続
北向地蔵	住吉宮町1	★個人		被害あり	従来より地蔵盆なし
なし	住吉宮町1市住内	★個人	居候が置き去る	被害あり	祭祀者震災以前死亡→断絶
延命地蔵	住吉南3	建材店	★個人の守護仏	被害なし	昔は盆踊り→震災前には縮小
子安地蔵	住吉南町5白鶴酒造南	●▲近所	個人の子死亡→町内の子の安全	被害あり	継続（第2節に詳説）
要地蔵	住吉南5	★商店	●長屋の要	被害なし	近年、商店会社で地蔵盆
臼地蔵	住吉宮4幼稚園南	★個人	元旅館管理、父の功徳	被害軽微	持ち主退去後、断絶
延命地蔵	住吉宮2元湯場	協議会	元お旅所に集められた	被害なし	お旅公園での盆踊りは中断、地蔵盆は継続
立江寺十九番地蔵	住吉南	★個人	四国から流れてきた		

●コミュニティ　▲　ネットワーク　★　個人　◎　民間宗教者の関与
■　街道、辻　<u>下線</u>：財産区協議会
（菅野幸子「震災復興過程における地蔵とそれを支えるコミュニティについて」[神戸大学工学部建築学科卒業論文、1997年]をもとに修正。『住吉村誌』とは、時代、調査法が異なり、一致しない）

6—2　近隣コミュニティから幼稚園ネットワークへ

・職人コミュニティ

　住吉地区では、長屋の多い長田区の近隣同志、長屋隣保の地蔵管理とは異なり、個人管理が多い。しかし、ここで紹介する住吉南町5丁目白鶴酒造旭蔵南の子安地蔵では、地蔵管理・祭祀のための職人町のネットワークを基礎とした地蔵コミュニティが当初からみられ、それが幼稚園の子育てコミュニティに発展し、近年、少子化で幼稚園が廃園となり、それも弱まったなかで、震災で被災した。ここでは、白鶴酒造旭蔵南の子安地蔵コミュニティの変遷・個別事例について論じたい。

　1874年、大阪〜神戸間に鉄道が開通し住吉駅ができた。当時、有馬温泉に行くには、住吉駅から六甲越で北上する湯山街道があり、西国街道の浜街道との接点が住吉村、住吉駅であった。白鶴酒造旭蔵南の地蔵は、住吉村と御影町の境界であり、御影町の黒田駒吉によって朝日座が建設された。ほどなく1905年、阪神電車が開通し阪神住吉駅が開業する。1916年、朝日座は、浪花節・浄瑠璃小屋の龍美座として繁栄する。その後、1917〜1921年にかけて、耕地整理事業によって地域の宅地化が進んだ。

　御影町と住吉村の境界は、かつて酒造関係の職人が住んだ地域である。伝承では、「菊さん（菊正宗）は住吉の村人。白さん（白鶴）は御影の住民。大林は菊さんの職人やったし、竹中は白さんの職人や」、自分たちはその流れと豪語する地区である。ここでいう菊さんとは、御影郷の本嘉納家のことである。白さんとは、寛保3年（1743）に酒造を始めた御影郷の材木屋嘉納治兵衛のことである。確かに、大林組は、千石蔵の復元プロジェクトに協力しているが、「大和屋林家」は淀川過書船の元締であり、分家が大阪の靭永代濱で塩・干鰯の問屋を営んでおり、1892年に「大林店」と名乗り土木建築請負業を始めた。竹中は名古屋の創業である。この伝承の真偽をここでは問わないが、そうした気風が残る職人町であった。

　ところが、1938年に、阪神大水害で甚大な被害をうける。こうしたなか、1940

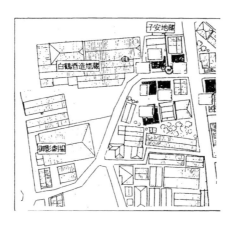

図 24　1940 年頃の住吉白鶴旭蔵周辺子安地蔵と講員（■の家。一部）

年ころ、某家で 6 人の子の内 3 人が死亡したことを、近隣の人々が嘆き悲しみ、近隣 8 軒で子安地蔵を祀りはじめた。その後、この子安地蔵は御影町と住吉村の境界に住む 12 軒で祀った。講員は Ko 分家（酒粕製造）・（酒米卸）・Ku（酒屋の番頭）・I ＜以上字唐松＞、Ka（樽職、木箱職）・M（樽作り）・N（元住吉村長といわれる人）・K（元漁師、埋め立てになって移転）・Ko 本家（精米のために水車へ米を運ぶバリキ屋）・M（酒道具づくり）＜以上、字柳＞など、酒蔵関連の職人らであった。

・戦後の地蔵コミュニティの世相史

　子安地蔵は、戦災を逃れたが、戦後 3 軒が他地域へ移り、そこに新たに入居した 2 軒が参加する。1950 年、住吉村は神戸市に合併され、1946 ～ 1962 年、戦災復興区画整理がかけられて、地蔵の位置が変更される。こうしたなか、1960 年、旧灘郷の繁栄をしのぶ御影劇場が消滅する。1963 年には、このコミュニティの南の「浜街道」の上を、第 2 阪神国道（国道 43 号線）が貫通し、一気に阪神間市街地の一角となる。とともに、道路公害が深刻化し、後に転出が増え、子どもが減る一因となる。

　1962 ～ 1981 年、高度経済成長と市街地化のなかで、子ども人口は増加し、新規参加 8 を得て 15、その後 20 の地蔵コミュニティで地蔵祭祀をしてきた。23 日（土

日の場合はその前日）に、20 人ほどの Ko 酒粕社の社員が集まり野外宴会を会社の前でした。菊正宗、ニチレイなど取引先も招待された。菊正宗では、この地蔵と、瓶詰工場の近くの地蔵に供物として酒を出している。昔の住民からもお供えをもらう。地蔵盆の接待をし、お大師さんの御詠歌、般若心経、地区のおばあさんのお詣りがあった。24 日は、昼に素麺をした。

　こうしたなか、1975 年頃の地蔵盆では、100 人以上の子どもが集まり、花火・お化け屋敷・輪投げ・レコードで遊ぶようになった。また、金魚すくい・ヨーヨー釣り・パチンコの夜店もでた。ところが 1982 年以降、子どもの数が激減した。子どもが成長した家は、地蔵コミュニティを抜ける。一方で、近隣の呉田幼稚園の保護者が、地蔵盆の必要性を感じて地蔵コミュニティに加わるようになった。

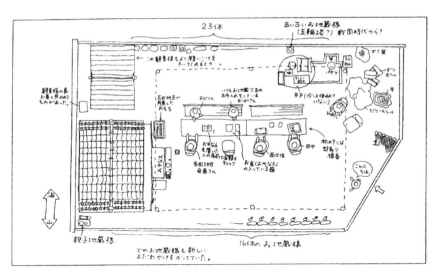

図 25　住吉地区呉田幼稚園保護者が参加した地蔵盆
（菅野幸子「震災復興過程における地蔵とそれを支えるコミュニティについて」
［神戸大学工学部建築学科卒業論文、1997 年］作図より）

　このようにして、職人ネットワークで発生した近隣地蔵コミュニティは、地元企業の協力を得つつ、80 年代に子育てネットワークとしてローカルに拡散していく。それにつれ、運営費は寄付制から会費制に変わり、地蔵盆で詠われた西国三十三

所巡礼の御詠歌がなくなる。地蔵のある地区は旧住民が減り、駐車場やマンションとなる。子どもが成長して、地区を離れる人も出る。一方で、転居しても地蔵提灯を奉納する人も少なくない。

6—3　震災後の地蔵盆

　1995年の阪神大震災では、地蔵コミュニティ10軒のうち、4軒が全壊、3軒が半壊であった。震災直後、人々は地蔵の前に避難し、炊き出しをした。拡散したとはいうものの、地蔵コミュニティは、非常時にも、相互の助け合い・励ましあいの機能をもっていた。

　ところが、この子安地蔵の創設当時からのM氏、お供えをしていたキリスト教信徒のT氏が転居し、地主は借地を駐車場とマンションにした。

　震災のとき、皆が地蔵の前に集まって夜明かしをした。その連帯感がある。そのとき、倒れた家の薪で炊いたゴチン（の飯）が忘れられないという。地震の翌朝、六甲アイランドのガスタンクが漏れていると聞いて、火を消して高台に逃げた。

　地蔵祭祀初期から祭祀してきた職人は、「それで祀ることにした。毎日、地蔵さんに水をあげている。商売人はやるんやったらちゃんとする。震災のときも、アパートの人は逃げてしまうし、学生はパーっと消える。誰がおるか（住んでいるか）わからん。（地蔵さんをちゃんと守って町を支えるのは商売人）」と考えて、震災後の地蔵盆を実施した。

　地蔵盆は8月21日から準備する。22日夕、テントを張って、Ko酒粕店の提供したフォークリフトのツメに人が乗って高いところに提灯を吊るす。提灯を吊りながら「サコちゃんのや」「お前、こんなん（提灯の下にミッキーマウスを目印に）つけとる」「この人は、広島（に行った）やから来んな」などと話し合い、来そうな人の提灯を中心に吊るす。男が10数人、女が数人。一番下が23歳。1965～71年頃が一番派手であったが、多くの人が地域から出て行った。その頃の思い出が忘れられん。震災で亡くなった子の提灯も、供養した。

表15　子安地蔵の提灯奉納時点での居住(2001年時点)

他地区を含む東灘区	11
東灘区以外の神戸市、明石、池田、宝塚	7
福井、東京、四国	3
不明	11

表16　子安地蔵の奉納提灯

地区内現居住	38
震災前から店舗を残し、他地区居住	1
震災以前、数年前引っ越した者	5
震災後引っ越した者	15
震災で死亡	1

　震災後の1995年も地蔵盆はおこなわれたが、被災が激しく、参拝者は少なかった。

　確かに、子安地蔵の奉納提灯60をみても、震災後、地区内に住むものは38にすぎず、震災後移転した者が15にのぼる。死亡者を出した家もあった。そして、96年は、O-157（オウイチゴーナナ）事件で地蔵盆は中止となった。

　いずれにせよ、地蔵コミュニティの現実は、市街地の空洞化とともに困難となりつつあり、震災はそれを加速した。そして、子どもの減少のなか、呉田幼稚園は廃園となった。

6—4　地域の再生と子どもの生きる場を求めて

　市街地はすでに、人の住む場ではなく、個別生活のワンルームマンションと駐車場でみたされてしまった。近隣コミュニティは不可能だ。震災はその空洞化を加速し、決定化した。しかし、幼稚園の子育てネットワークが地蔵を支えている。地蔵

のある風景は、子どもたちにとって故郷なので、かすがいである。まさに、「子は地域の鍵」であったが、今や、子が地域から減少してしまっては、まちは成立しない。

　子育て世帯に魅力があるような、子どもの生きる「場」がある町を再生せねばならない。そういう意味で、旧市街地再生のなかで地蔵盆をどう活かすかが、問われている。震災復興では、区画整理事業のポケットパークに地蔵を安置したり、共同住宅に、記念碑として地蔵を置く例もある。地元企業が、地域の地蔵に安置場所を提供している所もある。人々は、地蔵を通して、地縁ではない新たなローカルネットワーク、知縁をつくろうとしている。地蔵のような地域資源と連動したまちづくりが、神戸だけでなく各地で求められている。

7章

震災2年目の
地蔵盆

7―1　鹿の子台仮設住宅の地蔵盆

鹿の子台仮設住宅の概況

　震災1年目の報道では、仮設住宅の夏の暑さと、冬の鹿の子台の「寒さ」が、仮設住宅の劣悪な環境を象徴していた。鹿の子台は、神戸市北区の最北端、三田盆地の内陸にあり、中国縦貫道に面している。市街地からは、六甲北有料道路でつながっているとはいうものの、自動車を所有していない高齢者などの世帯には厳しい。神戸の中心の三宮まで、バスで道場南口まで出て、神戸電鉄で谷上へ行き、ここで北神急行（現・神戸市営地下鉄）に乗り換える。片道が時間で1時間弱、金額で1180円（当時）かかる。しかも、仮設住宅ができた当初（1995年夏）は、付近に住宅はなく、バス路線もなかった（バス路線の開通や、仮設内のミニコープの開店は1995年12月である）。震災から半年、やっとの思いで避難所（近隣の小学校など）からこの仮設に移った人々にとっては、荒野に捨てられたように感じられ、「暑さ」や「寒さ」がこたえた。とくに、温暖な市街地しか知らなかった人々にとって、室内の仏壇の花立ての水が凍ったり、外気に接している水道管が凍って破裂した体験はショックであった。被災者を大量に受け入れる用地を、市が確保するには、URからこの土地を確保するしか手がなかったという。高齢者や母子世帯・障害者世帯は、少ない市街地の地域型仮設や、地下鉄沿線の比較的駅に近い仮設に移ったため、いきおい鹿の子台は、比較的若い世帯が多く入ってきた。子どもの数も多く、第1仮設から第7仮設に、約1200世帯が住みはじめた。

　とくに、鹿の子台仮設では留守を預かる女性の活動が際立っていた。新聞やテレビと連携して、震災1年目の地蔵盆の支援をしていた私が、鹿の子台第2仮設住宅（以下、第2仮設と表現する）の主婦□さんから相談の電話を受け、兵庫区平野の福祥寺が陶器の地蔵を作ってくれることを紹介したのは、1995年7月であった。1995年8月23日の地蔵盆（長田では宵祭の23日の夜が地蔵盆である）に、私はテレビクルーを伴い□さんら女性の役員さんと、彼女たちがお迎えした地蔵さんにお目にかかることとなった。

　あれから1年。3人の子どもさんを抱えた□さんは、長田区片山町の自宅が再建できて戻られた。中心になっていた□さんがいなくなって、今年の地蔵盆はどうなっているか。1996年8月24日、1年ぶりに鹿の子台の地蔵さんを訪れてみた。

図26　鹿の子台仮設住宅の地蔵盆と盆踊り（震災アーカイブより）

鹿の子台仮設住宅の地蔵盆

・鹿の子台第2仮設

　1995年は、ふれあいセンターの開設が地蔵盆の日であり、自治会も地蔵盆もふれあいセンター運営も、混乱のなかで発足した。第4仮設に踊りの先生がおられ、盆踊りの練習を10回ほど受けた。踊りは、ペンギンちゃん音頭・アラレちゃん音頭・炭鉱節・ドンパン節・河内音頭である。23日の夕方に盆踊りを披露した。盆踊りの櫓はなかった。23日に子どもへの供物のお下がりとしての菓子配りをした。花火大会やサッカーゲームもした。お詣りは予想外に多かった。経費は人々の「志」（寄付）で実施した。

　160世帯の住居のうち、130世帯が入居したが、1年たって100世帯となった。とくに小学生を抱える世帯や、新たに小学生を出す（新入生のいる）世帯では、無理をしてでも、市街地に戻っていった。乳幼児だけの世帯は、経済的な問題もあって、戻ることがなかった。今年（1996年）は子どもが減ったので、地蔵盆はしづらいが頑張ってみようと思うという。役員も替わり、旧役員4～5人に新役員が多数加わって役員が増えたので、去年のことがよくわからないといいながら、み

なで楽しくやっている。行事は昨年と同様である。しかし、2年目は小学校の声掛かりで小学校行事予定に加えられている。以前から小学校では、音楽会や運動会の招待状を仮設住宅に持ってきたり、朝顔を届けたりしていた。ふれあいセンターの前のテントに飾られた地蔵さんには、皆が（住宅周辺の余地を耕した）畑で作ったカボチャやミニトマト・ピーマン・オクラが供えられている。農家出身の人が住民にいたので、その人が農作業を指導した。1996年の地蔵盆の費用については、ふれあいセンター運営費（公的支援金）を使った。

被災者向け災害公営住宅に皆応募しているが、残る人も出てくるだろう。くじ運のない人や自力再建できない人だけが残ることになる。来年（97年）のことはわからないという。途中、「時の流れに身をまかせ…。歌いましょうか」と、笑いながらこたえてくれた。

・鹿の子台第4仮設

1995年は、自治会もなく、急に盆踊りをしようということになり23日に行った。第2と第5仮設は地蔵盆を実施した。第4仮設の有志から金一封を出して参加させてもらった。今年は、23日の2〜3時にスイカ割をし、その後、3〜5時に第5仮設の地蔵盆に参加する。6時からは、第4のふれあいセンター前で盆踊りをする。

第4仮設では、一人者や若い夫婦だけの世帯は市街地へ帰っていったが、子ども持ちの数は12で変わらない。来年のことはわからない。やっと仮設住宅の暮らしに慣れ親しんだとこで、地蔵盆をやりかけたが、「それでも（災害公営住宅は）申し込みますよ。皆と別れるのは寂しいけど……。この前、自宅再建して出ていく人があり、皆で『送り出しの会』をした。その人は、後ろ髪を引かれるような気持ちで引越しされた」という。

最初仮設住宅に来た当初はみんなで助け合いやったけど、だんだん孤立してきた。今年になってワガママ（と思えるような主張）がいろいろな方面から出てきたという。

・鹿の子台第5仮設

1995年は、灘区で被災した□さんの地蔵さんを、みんなで祀ることにして地蔵

盆をした。まだ自治会がないので自然発生的であった。地蔵の絵を描く96歳の画家や、祠を作る大工、テントを借りてきて立てる男たちがいた。アルミ缶を延ばして地蔵さんの屋根にした。1995年は子どもへの供物の下がりとしての菓子配りと盆踊りを24日にした。オニギリを作ってみんなで食べた。御詠歌が得意なやくざとみなされていた□さんが、張り切って御詠歌をあげた。まだふれあいセンターも開設しておらず、行事案内のコピーもできなかったので、参加は有志であった。

今年（96年）は、23日に仏教ボランティア団体「タマンナコウベ」が入り、お経を読んでくれて模擬店をする。24日に子どもへの菓子配りをする。女たちは買い出しに出、男たちはテントの下で碁を打っている。24、25日は土曜日、日曜日なので、盆踊りをする。今年は櫓を組んだ。25日には萩咲子（歌手）がボランティアで歌謡ショーをする。タコヤキの屋台も出す予定である。

小学生が少なくなったということはない。むしろ幼児など子どものいる世帯は経済力がなく、地蔵盆に参加する余裕がないケースも多い。出るのは若い一人者か、若い夫婦だけの世帯である。□さんが仮設を出ると地蔵も連れて帰ると思う。しかし、地蔵の絵を残して、もし残った人がいるなら地蔵盆は続けると思うが、個人的には残りたくない人が多い。

・鹿の子台第6仮設・第7仮設

1995年はまだ、ふれあいセンターもなく、自治会もなかったから、地蔵盆どころではなかった。今年は第6・第7合同でおこなうことにした。他の仮設は長原町にあるが、第7仮設だけが八多町に属しており、八多の自治会からテントや提灯を借り、櫓の竹は八多の百姓さんにお願いして伐ってきた。八多の人がヨーヨー釣の店を出してくれる。自分たちで、かき氷とタコヤキの屋台を作った。八多の常楽寺から地蔵さんを貸し出そうかという話もあったが、地蔵を借りるのはやめた。来年できるかどうかわからないし、無理はしないと考えた。また、第5仮設に本尊（本物の石地蔵）があるから、そっちを尊重してそちらに詣れと考えた。こっちは、子どもが菓子をもらいに集まったらいい。櫓は住民のなかの鳶や大工の協力でできた。共同飲食の昼の「おかず」を第6で作っているらしく「おかずできたから

取りに来てくれ」と声がかかる。23日に盆踊りをし、24日に供養の菓子配りをし、歌手が来る。25日にシメの盆踊りをする。

「今年が最初で最後かもしれん。来年、ここで会わんとこ。今年メインでいこや（行こうヤ！）」と思う。「来年は居ってほしないけど、もし来年も地蔵盆をやるなら、今年のやり方は印象づけにはなるやろう」と、自治会長はいう。

中心になって動いてる人のなかには、災害公営住宅を申し込んだと（表向き）いいながら、申し込まない人がいる。（自治会長も）「最後まで見届けな」と思っている。最初から、そう思って入ってきた（と会長は見栄を切る。）

自治会長は、有馬温泉で板前をしていたらしく、妻は不便を嫌って有馬に戻り、別居中である。彼は仮設の人々とのつながりのなかで、生き甲斐を感じたらしく会長をしている。他の仮設の人も含め、入れ墨の鮮やかな土木作業員や、しっかりした自営業者、主婦、退職した人などが、テントの下で涼んでいた。

7―2 西神ニュータウン周辺の仮設住宅の地蔵盆

概況

神戸市西部郊外には多くの仮設住宅があるが、市営地下鉄の西神中央駅があるため、駅周辺の美賀台住宅は、50世帯のうち30世帯が70歳以上で、病気持ちの高齢者・母子世帯中心の仮設となっている。反面、春日台にある大規模仮設住宅は、駅から遠く、空き家も多い。西神第7仮設（1060戸）はその一つである。反面、西神第2仮設は、団地の外周道路の外であり、バス停留所から遠い、168戸の中規模仮設である。

・美賀台仮設住宅

1995年は、近所の西神住宅団地の奥さんらのボランティア「ウィング」が、兵庫区の福祥寺から地蔵さんをもらってきて、23日に地蔵盆をやった。700ほどの菓子を用意し、団地の子どもたちに配った。この仮設には子どもはほとんどいない。的投げやヨーヨー釣り、スイカ割をした。美賀台ふれあい協議会や楽友会（老人会）の働きかけがあり、多くの方のお手伝いとお詣りがあった。

　1996年は、「ウィング」はお供えだけだ。高齢者が多いのでゲームなどはできなかった。1000人分の菓子を用意したが、600人しか集まらなかった。ヒト（他人）に頼らない、できんでも無理せん、仕方ないという。西神の仮設の連絡会はないが、今さらガサガサしたって（活動しても）一緒や。命びろいして助かったんやから、なるようにしかならん。7月中頃から、夏の間は、ふれあいセンターのモーニング喫茶や、お好み焼き・タコ焼きはやめようかということになった。そろそろ秋なので、9月も休もうと思う。

　ふれあいセンターの運営も、GPG（神戸学院大学）が入ってくれて、副会長になってもらい手伝ってもらっている。若い人は車もある。我々は、市街地に災害公営住宅が建たんということもわかっているから、西神南の公営住宅を申し込んでいる人も多い。西神に馴染んできた。（市街地に）帰れにゃしゃーない。割り切らな。ここは、買い物や病院も近いし、空気もエエ。仮設のまわりを散歩してたら、喘息や心臓も治ってくる。

　抽選で災害公営住宅が当たって出る人もいるが、ここは養老院（老人ホーム）みたいやから、また別の老人が入ってくるやろう。孤立することはなかろう。地蔵さんもなんとかなるだろう。

　伺っていると、ボランティア中心で地蔵盆もすすめたようであるが、高齢者が多いために、コミュニティを作り出そうというより、新しい郊外の環境に順応しようという気分が強いことがわかる。

・西神第2仮設住宅

　168戸が入っている。昨年は何もしなかった。今年（1996年）は、24日に盆踊りを計画している。仮設住宅以外の人が来ることはない。

・西神第7仮設住宅

　長田区五番町3丁目の□さんは、三番町2丁目の○さんと同級生で、母親も友人であった。ともに被災して家を失った。○さんは、地蔵を掘り出して、西神ニュータウンの市営住宅にいる娘の所に避難したが、市住では地蔵の祭祀を拒否された。そこで、1995年6月から西神の仮設住宅に引っ越してきた□さんに、96年

から地蔵さんをあずけることになった。

　95年は、仮設でボランティアによるバザーはあったが、地蔵盆も何の楽しみもなかった。仮設住宅は何の潤いもない荒野のような所なので、△さんが自動車（キッチンカー）で仮設の入り口でタコ焼き屋を開業した。昼は、近くの高校の子どもたちが集まり、夜は近所の仮設住民が集まった。そこに蓮池小学校に避難して、入っていた富山の真宗ボランティアの知り合いがあるHさんや、Fさんなどが飲みにいっていた。地蔵盆はこのタコ焼き屋で発案され、Hさんがボランティアに呼びかけた。

　□さんは、地蔵を祀ることについて仮設の隣の住人に承諾をとりつけようとしたところ、「ここに来て96歳の母を震災疲労のため亡くした。母の面倒をみてきた私も一人ぐらし。手伝わさせてくれ。お茶もいれさせてくれ」といわれた。そこで、近所の大工や土木作業員によびかけて、近くの団地の住宅建設現場から廃材をもらい受けて、6月16日の大安に地蔵の祠が完成した。

　23日に、自宅前の地蔵さんのところに提灯を吊り、仮設の住人の電気屋が配線をし、ボランティアが協力してくれた。また、ボランティアが綿菓子・かき氷の店を出し、張り紙をして告知してくれた。花火大会もした。こうして供養のための菓子配りを子どもたちにした。また、チラシ寿司を作って100人ほどで食べ、踊りをみなでした。100人ほどの参加があった。当日は、ここで亡くなった隣人のお母さんの写真を地蔵さんの前に飾って供養したら、泣いて喜んでくれた。ボランティアの坊さんが読経してくれた。

　自治会では、8月17、18日にみんなで浴衣を揃えて、盆踊りをすることになった。盆踊りの前、月2回ほど、ふれあいセンターで練習した。また24日は、カラオケ大会をボランティアの世話でする。

　Fさんは「仮設のみんなに楽しんでもらえて素晴らしい。いつかお地蔵さんと一緒に長田に帰りたい」といい、長田の市住に入れるまで地道に仮設での生活をするという（ヒアリングをもとにして新聞報道で補足して記述した）。

7—3　市街地仮設住宅の地蔵盆

　1997年8月本庄中央仮設住宅での地蔵盆と盆踊り（http://homepage3.nifty.com/TAKESAN/kobe9708.htm　には以下のように記されていた）

　地蔵盆はお年寄りと子どもたちのためのお祭りでもある。でも仮設住宅の中では、小さな子どもたちは見あたらない。ここに住んでいるお年寄りに、お盆に帰る故郷はない。

　ここを故郷にしよう!　子どもたちに帰ってきてもらおう!　お地蔵様の前で、一緒に盆踊りをしよう!　今日、私たちがお年寄りの皆さんの「子どもたち」です。

　手打ち蕎麦を食べ、カレーライスを食べた。一緒に浴衣で河内音頭を踊った（^_^) /

　市街地の仮設住宅（本庄仮設住宅など）でも、ふるさとのない、子どもと別々に暮らす人々が、震災2年目の夏でも暮らしていた。それを支えるボランティアの地蔵盆への思いの記述である。神戸における、地蔵盆の意味は、帰るべき故郷という意味でとらえられている。震災後、地蔵を故郷と考える傾向があった。

7—4　災害復興公営住宅の地蔵（西区市営岩岡住宅）

　神戸市の西のはずれ、明石市と隣り合った災害復興公営住宅7棟が建つ。約220世帯のうち約190人は65歳以上のお年寄り。高齢化率8割以上の超高齢社会だ。

　住んでいる人たちは、県内あちこちの仮設住宅から移ってきた。住民同士のぎこちなさも、ようやく消えつつある。その象徴ともいえるのが、1999年1月17日に開眼法要が催された住宅入り口に建つ地蔵だ。

　地蔵建立は1年近く前からの懸案だった。しかし、一部の住民（新宗教のグループ）から宗教上の理由などで強い反対の声があった。自治会が実施した賛否を問う投票では反対が40票もあり、話し合いを続けた。自治会が地蔵の管理や維持にかかわらず、寄付を募らないことなどで合意し確約書を交わして、了解が得られた。

地蔵の建立を中心的に進めてきたのは自治会長の□さん。兵庫区で被災し、幸い自分たちは無事だったが、親しかった近所の人たちが亡くなった。避難所から同じ西区の西神第6仮設住宅を経て、同じ西区に岩岡災害復興住宅ができてすぐに移ってきた。

　建立の動機について、□さんは「震災直後、思わず道端の地蔵さんに祈った経験を持つ人も多いはず。住民はみな身内や知人を亡くしており、その鎮魂の気持ちを表すものが欲しかった。そして、孤立しがちなお年寄りらの交流の場にしたかった」と話す。最近では、まだ暗いうちからろうそくを灯して地蔵を拝むお年寄りや、幼稚園に行くときに手を合わせる幼児などの姿も見かけるという。

8章

市街地・長屋の変化と地蔵祭祀

8—1　共同の地蔵から個人の地蔵へ

　神戸、長田の人々はどうして、地蔵さんにこだわるのか。長屋と地蔵の歴史から考えてみたい。

　1889年（明治22年）、市区改正で市町村制度ができ神戸市が発足した。1896年、東尻池村、西尻池村、長田村、駒ヶ林村、野田村、御崎村、今和田新田、吉田新田を合わせ、式内長田神社を鎮守とする長田村の「田」と、漁村・駒ヶ林村の「林」をとって林田とよばれた地が、神戸市に編入された。近代都市神戸の郊外であった長田周辺が都市化されたのは、大正末の1920年以降から昭和初期にかけてであり、西部・長田・西代と順次耕地整理組合が設置され、農地を整理して道路をつくり、新町名をつけ、将来市街地に発展することを予想して耕地整理が行われた。現在の区画整理事業と同様である。長田村と駒ヶ林村の間の広い湿田に、8m道路が109m区画でひかれた。その中央を17m幅の道路が市電の線路を抱いてすすんできた（1922年市電上沢線開通）。1931年（昭和6年）、林田区が誕生した。林田区は、当時としては最先端の都市計画が施されたニュータウンであった。道路沿いには、マッチ工場や商店などが並んだが、一辺1丁（109m）の正方形の町の公道に接道しない区画内部には、まだまだ空き地があった。

　昭和初期、関東大震災後、神戸は日本の重工業の中心となり、瀬戸内や朝鮮、奄美から多くの労働力を集め六大都市の一画を誇り、労働者のために低廉かつ簡易な住宅、長屋（木賃住宅）が、市街周縁の長田、葺合に大量にできた。当時の人口比をみると、長田区がいかに爆発的に人口増であったかがわかる。

　ちょうどその頃、1922年（大正11）、当時は日本の植民地であった朝鮮からの渡航制限が撤廃され就労のための移住があいついだ。この地域（旧林田区）の韓国・朝鮮籍住民は、1926年（昭和元）約1400人（全市の約50%）、1930年（昭和5）には3.5倍の約5000人（全市の約42%）となっている（久保　1999）。

　大正から昭和の初頭にかけて、約109m四方の区画の裏の空き地に、公道から（幅）2〜3mの路地（私道）が引かれ（通常「九尺道」とよばれ約2.7m）、

表17　1935年(昭和10)の六大都市の人口(神戸の区名は東から西に記述)

東京市		5,875,667
大阪市		2,989,874
名古屋市		1,082,816
京都市		1,080,593
神戸市	うち	912,179
	灘区	124,556
	葺合区	128,186
	神戸区	88,110
	湊東区	65,749
	湊区	49,919
	兵庫区	145,064
	林田区	216,213
	須磨区	94,382
横浜市		704,290

図27　長屋・路地の地蔵

図28　長屋・路地の地蔵

両側長屋が区画の内部に延びた。近世の裏長屋路地は狭小であったが、大阪では1909年に建設取締規則が執行され、九尺道が確保されたと思われる(寺内　1992、12-13)。未舗装の路地の奥には、共同便所と共同井戸、それに地蔵さんの祠が置かれた。大抵は行き止まりなのだが、幅1mほどのドブにフタをしたドブ道や、長屋裏の背向かいのクミトリ道(戸毎に便所が取り付けられたとき、その汲み取り作業のための幅1mほどの裏道)を通って、通り抜けられることも多かった。

　路地の経済状態によって異なるが、長田区番町地区や葺合区吾妻では、排水路も未整備で、未舗装の路地には、ときどき水溜りがあった。こんな、飲み水と下

水、糞尿が入り混じった長屋の暮らしは衛生状態が悪くて、死亡する子どもも多かった。その早死した子どもの霊を弔うために地蔵が祀られた（御蔵小学校5年生調べ、 1995年）。また、男も女も長時間労働を強いられ、そのためになかなか子どもができなかった場合も多く、子どもをさずかったといっては地蔵さんを祀った。こうした暮らしの中で、私道である路地に、地蔵が置かれ、毎年、8月23日の夜は、御詠歌を唱和し、お接待と称するバラ寿司が長屋の住民によってどこの子どもにもわけへだてなく配られた。

　こうして個人的動機で祀られた地蔵は、長屋の路地（幅2〜3mの未舗装の私有地）に大家の了解のもと、ときには大家が地蔵の祠や像を負担する形で祀られた。その地蔵の日常祭祀（供水、献花）を支えたのは女性たちであった。当時の長屋では、男は工場で働き、女は自宅で内職をしつつ家事・育児をした。自宅は10坪に満たない粗末な平屋であり、前に物干し竿があり、助け合わねば暮らせなかった。惣菜のやりとり、子どもの相互保育は当り前であった。そうした共同性のなかで、子どもの事故死を皆で悲しみ、新しい命を皆で喜び、地蔵を共同祭祀するようになった。こうして子どもが誕生すれば、個人名の書かれた岐阜提灯を奉納し、毎年の地蔵盆でつるされた。狭い路地に面した長屋の共同生活では、出身地・民族・言葉の異なる人々が暮らし、新たな命の誕生、事故死という、苦楽をともにしてきた。

　したがって神戸市長田区でも山手の住宅地区に地蔵は少ない。大正末から昭和初期にかけて登場した住工混在の長屋の路地に地蔵は偏在している。一方、戦後になって神戸市に編入された東灘区でも、近世の一石五輪塔や明治に廃仏毀釈された石仏残滓が、新たな宅地開発で掘り起こされ地蔵として祭祀された。

　これらの地蔵には、「須磨寺からいただいた」とか「立江地蔵」と呼ばれるものが多い。真言宗の須磨寺は、近代神戸における四国八十八箇所巡礼など弘法大師信仰の一つの拠点であった。八十八箇所のなかでも、徳島県の立江寺（第10番札所）の信仰が強い。神戸の地蔵は京阪以上に、多分に四国の色合いが濃い。四国に由来する地蔵を囲んで、奄美の蛇皮線が爪弾かれ、朝鮮の太

鼓が叩かれることもあった。共生せざるを得ない貧しさの中に、互いを認める暮らしがあった。神戸のエスニシティーは、規模が小さいためか対立的ではなく、当初から子どもの命を通じた「そこはかとない共住」にたっており、それを路地の地蔵が包み込んでいた。

　長田の地蔵盆は23日の昼に準備される。男たちが地蔵の前に棚を設え、テントを張り、無数の赤い「卍」の描かれた丸提灯や、子どもの名前が書かれた岐阜提灯を吊るした。一方、女たちは食事の準備に忙しい。地蔵毎に、バラ寿司、いなり寿司、五目飯（炊き込みご飯）とまちまちだが、町内で共同飲食する用意がなされた。このとき、ごぼうのささがきが得意な人、油揚げを甘辛く炊くのが得意な人などが、それぞれの自宅の台所で手分けして調理をすすめた。供物は、はぜ豆（空豆）が定番であった。他に、町内の有志が様々な「お供物」を出した。60年代頃から、徐々に一斗缶に入った菓子（菓子問屋で仕入れる）が供えられ、最近は、缶ジュースやスナック小袋などが供えられ、子どもたちに配られた。

　23日の夕刻前から、多くの子どもたちが大きな袋を持って町を徘徊する。自転車で巡る者や、浴衣姿の中学生もいる。線香をもって地蔵を巡り、「お接待」として、供物の菓子の分配を受ける。本来は「七とこ参り」と称し七ヶ所の地蔵を巡ると、元気になるという民俗である。

　京都では京の入口にある6または7カ所の地蔵を巡る「六地蔵巡り」という習俗がある。大阪では、春秋の彼岸やお盆の深夜に、七墓めぐりといって市内の六墓をめぐる習俗がある。神戸の「地蔵さん巡り」もこれと同様の民俗のようにも見えるが、むしろ、「お接待」「茶の子」という名称からして、四国八十八箇所巡礼での、巡礼に対する軽食（茶粥などお茶を使った軽食）を提供する接待に端を発するような印象を受ける。なかには、普段は郊外団地に住み、この夜だけ祖父母の住む長田区にやってきて、「お接待」を回っている子どももいた。「絵本にあるハローウィンのような面白さ」だという。

　「お接待」が一段落した午後8～9時頃、町内の有志が西国三十三所の御詠歌をあげる。その後、共同飲食となり、子どもが寝た後は酒盛りに発展する。

所により、狭い路地で盆踊りが催された。番町部落では、この夜、男が女の、女が男の異装をして夜更けまで踊ったという。翌 24 日は撤収作業をする。お接待などの規模が大きいため、24 日に撤収すると説明する人もある（森栗　1996）。

　しかし、高度経済成長の後、1970 年以降、日本では、女たちもパートタイム労働に出るようになり、井戸端会議がなくなった。そもそも、水道の普及で、井戸もなくなった。女たちは、昼間、路地を離れた。そこで、地蔵はお婆さんたちが支えることとなった。お接待もいつのまにか、バラ寿司から大きな1斗缶の揚げ菓子を茶碗ですくって配る形になり、やがて小袋詰めの菓子へと変わっていった。それでも、8月 23 日の夕方の地蔵盆には、線香片手の子どもたちがお供えの菓子をもらい受けに集まった。長屋のお婆さんたちは、日常の化粧品代のつもりで1年間貯金し、菓子を大量に買う。各地蔵には、提灯が飾られ、子どもたちはその提灯の光、次の提灯の光、その次の地蔵さん、また次の地蔵さんと、いざなわれて、大きな袋をかついで夜の町を歩く。残り少ない夏休みを惜しむように…。

8—2　地蔵盆の衰退・高齢化と長屋の変化

　長田区の地蔵盆の興隆は、高度経済成長の 60 年代と思われる。木造密集市街地における、大きな社会連帯的行事の一つであった。かつて「はぜ豆」だけであった「お接待」が、菓子問屋で仕入れた一斗缶の菓子（かりんとう、揚げ菓子、せんべい、ラムネ菓子など）を、茶碗で1杯ずつ配るように変わってきた。

　近年では窒素ガスが充填された小袋スナックや缶ジュースに変わった。子どもの持ち物も、紙袋がいつのまにか大きなビニールのゴミ袋に変わり「七とこ参り」という言葉はほとんど忘れられた。

　こうしたなか、地蔵そのものの安置場所が、建築基準法第 42 条の接道要件のために、4m必要とされ、従来の1間半（約 2.7 m）の路地は、第 42 条2項道路（みなし道路）とされ、新たに建物をたてるときに、接道を4mにする、すなわち　（4 － 2.7）÷2　つまり 0.65 mセットバックすることが求められ、図 29 の点線のような建築面積にする必要がある。ただ、借地借家法により、戦前戦後すぐ

にたてられた長屋の借家人は、従前居住の長期の借家権があり、この土地建物を安く買い取ることができた。高度経済成長を終えた頃から、神戸では下水道の整備が市街地ですすみ、ちょうどその折、借家の土地建物を買い取り、狭い長屋を2階建てに新設する動きがあった。下水道が整備され、汲み取りの必要がなくなり、家の裏の汲み取り道が不要となり、30 cm程度、バックすることが可能であった。土地建物を買い取り、接道前面を65cmセットバックし、裏を30 cmバックし2階建てにすることがあった（図29の点線四角の敷地）。（事例は、神戸市長田区松野通1の筆者生家の裏長屋）

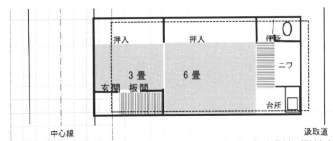

図29　筆者生家（長田区松野通1）裏長屋間取りとセットバック敷地（破線内）

　一方で、70年代に入って公害で居住環境が厳しくなった長田区から、多くの若い世代が須磨ニュータウン、西神ニュータウンなどの郊外住宅団地に流出した。最盛期には28万人あった長田区の人口は、震災前には10万人に近づいていた。旧市街地には子どもが少なくなり、地蔵とおばあさんたち、それに名前の書かれた岐阜提灯だけが残された。地元に残った若い世帯でも、男は地域の町工場ではなく、大阪を含む遠隔地に職を求め、女は内職ではなく、パートタイムに精を出すようになった。4mに拡幅された路地（図の中心線より左右2m、計幅4m）では、自動車の通行に邪魔になるといって地蔵が撤去された。地蔵は、須磨寺に帰されたり、「熱心な」人に預けられた。

　路地の地蔵を撤去する場合、4通りの方法を人々は選択したようである。（図30）

　1）須磨寺、または地域の寺に返す

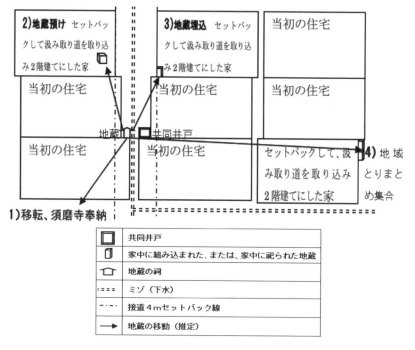

2)地蔵預け セットバックして汲み取り道を取り込み2階建てにした家

3)地蔵埋込 セットバックして汲み取り道を取り込み2階建てにした家

当初の住宅

当初の住宅

当初の住宅

当初の住宅

地蔵　共同井戸

当初の住宅

当初の住宅

セットバックして、汲み取り道を取り込み2階建てにした家

4)地域とりまとめ集合

1)移転、須磨寺奉納

▢	共同井戸
▢	家中に組み込まれた、または、家中に祀られた地蔵
⬠	地蔵の祠
：＝＝＝	ミゾ（下水）
―・―・	接道4ｍセットバック線
→	地蔵の移動（推定）

図30の1、2　長屋のセットバックと地蔵の移動

図30の3

図31　住居壁に埋め込まれた地蔵（左、立体投影模式図・断面。右、その写真 [じぞうめぐり　https://zizome.blog.jp]）

2）特定の「熱心な人」に預け、地蔵盆のときだけ出して、路地、または駐車場などで祀る。

3）特定の「熱心な人」の家の外壁に祠を、路地に向けて埋め込んで祀る。（図31）

4）町内の別な地蔵さんのところに避難、統合される。

　こうして地蔵は路地コミュニティの共同祭祀から、個人的に「熱心な」おばあさんたちの祭祀に変わっていった。

　90年前後には、旧市街地の高齢化、空洞化は一層激しくなり、地蔵の世話をする「熱心な」人はいなくなり、須磨寺に地蔵を戻すケースが頻発した。表通りが商店街である神戸市長田区菅原三丁目でいえば、最盛期、裏長屋に400人以上いた子どものために、20以上の地蔵が路地ごとに祀られていた。その地蔵が震災直前には4つになっていたのである。その4つの地蔵が被災してガレキとともに行方不明となり、住民も郊外仮設住宅に転居し、皆無になってしまった。区画整理事業がほぼ終わっても更地がひろがる菅原3丁目の子どもの数は、20名程度といわれている（未確認）。

　阪神大震災で地蔵祭祀と路地の結びつきが厳しい状況に追い込まれたというより、郊外化と個別の消費が前提となる社会となり、地蔵はその居場所を失い、路地は境界が鮮明となって公道となり、自動車が通れる通路（4m以上）と化してしまい、屋敷地は個別の所有に分断されて目一杯、2階建てで窓付き住宅になっていった。こうして、地蔵のおける場所はなくなっていった。そこを、阪神大震災が襲ったのである。

・御屋敷通五丁目の米屋さん

　1つは解体（震災後のガレキの撤去作業の業者）に（ガレキと一緒に）持っていかれたが、ウチの地蔵さんは家とととも無事やった。

　私は、なかなか子どもができなくて、17年目に子どもを授かった。それで、10年前に地蔵さんを三木からうけて祀った。最初は路地に出すと、自動車の通行に邪魔になるし、地蔵は溝の上に祀ったらアカンといわれた。（いたずらされるのを警

137

戒して）家のなかで祀って、地蔵盆のときだけ出していた。しかし、地蔵さんは町に開いておかねばと考え、家の建て替えのときに家の壁に地蔵の祠を外向きに組み込んで設えた。地蔵さんの提灯も地蔵さんに守ってもろうたから、毎年と同じだけのお接待の用意をして祀ろうと思いますという。23日のみ祀る。

8—3　納める場としての須磨寺

　都市には、開発され、生産し消費する場だけではなく、どのように納得して最終を迎えるのかということが重要な課題となる。

　かつての都市では、ゴミは処分し、犯罪者は排除すればよかった。死穢も忌避し、市外で償却、埋葬すればよかった。平安京では、検非違使がその役割を担っていた。しかし、近代に入って、都市民の数が増え、人間の活動が多様になってくると、いっそう、衛生と治安は重要な都市課題となった。

　しかし、現代では、排除し忌避するだけでは納得でないようになってきた。ゴミはどのようにリサイクル、リユースして納得して循環させることが重要課題となる。人の場合は、持続可能な都市でいかに暮らし続けることができるかが課題となっている。地蔵盆の場合も、命や暮らしを記憶する場、記憶する行事として再評価されてもいいと考える。

　近代大阪の場合、無縁の骨を集めて骨仏をつくる大阪の一心寺が重要である。前近代の関西の場合は、高野山が魂の行き場所という形で重要である。神戸の場合は、同様に弘法大師と関係の深い、須磨寺が重要な記憶の場のターミナルとなっている。境内には、多くの墓とともに魚類供養碑やシベリア満蒙戦没者慰霊碑、納骨を集める万霊塔がある。要は、市内の市民に関わる記憶全般が須磨寺に集められており、須磨寺は、大名供養碑や企業供養碑が並ぶ高野山奥の院に似た機能を持っている。

　震災以前から、多くの地蔵が須磨寺に納められたが、震災後は、とくに多くの地蔵が納められた。丁寧に供養された地蔵もあれば、こっそり置いて行かれたものもある。

　仁王門の脇に「震災追悼碑」として、50 体足らずの地蔵が集められている。また、正覚院の前には4つの地蔵の祠が、脇には2つの祠が置かれている。山門を入って左の桜寿院にも 10 数体の地蔵が安置されている。さらに、奥の万霊塔は、納骨堂であるが、その周りには、境内の各地にあった地蔵、200 体ほどが集められている。ここに都市に出てきた無縁の人々の骨が納められ、その周りを町の地蔵が囲っている。都市の住民と町の記憶が、この万霊塔に集められている。

8―4　共同の地蔵以前のこと

　本章では、共同の長屋住居と地蔵から、現代化のなかでの長屋の戸建化・2階建化を描き、地蔵の個人祭祀、さらには都市計画、道路拡幅による地蔵移転、地蔵祭祀の廃止を描いている。しかしながら、江戸時代の長屋が、そのまま共同の長屋住居になったわけではない。

　近世末の都市のみならず、近代都市化する神戸では、賀川豊彦『死線を越えて』（賀川　1983）が描く、明治末の、貧困に起因する「貰い子殺し」「ペストと不衛生な便所」が現実である。淫売、乞食、博徒、塵芥掃除夫といった貧民の仕事と、不衛生な環境でのペストの蔓延を賀川は描くが、それは江戸時代から続く、都市化、近代化のなかでの一面の真実であろう。上田篤が指摘するように「長屋はコミュニティとはいえない。…赤裸々な人間の姿がみられ、それが往々にして美化されて、ヒューマンなコミュニティが形成されていたかに主張する人があるが、現在残されている記録や文献によれば、たいていの長屋では、けんか、争論、夜逃げ、泥棒などが絶えず、とうてい安定した住みよい社会とはいえない。また、いうほどに人間性の発露もみられない。むしろ貧困は人間性をみにくくし、はやくそこから逃げだしたい、とかんがえている人たちが、じっさいには多かった」（上田　1985、157 - 158）というのは、本質的には正しいであろう。堕胎禁止令による子どもの引き受け商売、子どもの売り買い、児童労働では、不衛生と栄養不足による子どもの死は必須であり、葬儀すらできなかったと賀川の日記にある（布川　1998）。

しかしながら、大正デモクラシーのなかで『死線を越えて』がベストセラーになり、昭和初期には一定の経済力のもと、職工労働による賃金が長屋の住民の一部にも与えられるようになると、加えて 1950 〜 60 年代の長屋住居において、男も女も働くなかで、共同の長屋住居と地蔵が定着していったものと思われる。

　「共同の長屋住居と地蔵」とは、昭和初期から戦後にかけての生活描写であり、その長屋と地蔵が変化するプロセスを本章では描いた。

図 32　須磨寺の仁王門と返された地蔵

140

9章

長屋の住み方

9―1　長屋の復興

　震災以後、長田のまちづくりの現場で、様々な市民と出会った。先日、ある地主さんから、突然、電話がかかってきた。

　「先生のいう『みんなが気分よう住める長田』を考えとったら、ミルクホールを思いついたんですが…」

　「入り口に白い暖簾、ガラスケースの中に羊羹をはさんだロールケーキと醤油せんべい、壁には蜜豆、ぜんざい、ミルクコーヒーと品書きがある。アレかいな?」

　「ハァ。今の高齢者が若い頃に、長田にようあった喫茶店ですワ。ほんで、現代長屋を作れんか思いまして、アイデアおまへんか」

　私は一瞬、絶句した後、「おもろいなア」と答えてしまった。

　近代神戸の形成期には、瀬戸内や但馬、淡路、四国、九州や奄美・沖縄、朝鮮半島や台湾から労働者がやってきた。彼らは長屋の一つ屋根の下で、戸がつながったような生活をしてきた。民族や出身地の差別なく、お互いの言葉や味を楽しみながら生活してきた。住戸は狭く、ときには共同便所、共同井戸であったが、長屋の子どもを高齢者と地蔵さんが見守り、女性は安心して内職のミシンを踏んだ。勤め先の靴工場も、食材を買い求める市場も、風呂屋や町医者も、徒歩圏にあった。当時のミルクホール（現在の喫茶店）は、長屋住民の応接間であった。路地は子どもの遊び場。蛸焼屋や串カツ屋、駄菓子屋も点在していた。

　この下町で育てられたぼくらは70～80年代、老いた親を老朽化した長屋に残して、ニュータウンに逃げた。自動車でショッピングセンターに行ったり、プライバシーのある生活に憧れ、ローンでイチゴケーキのような庭付一戸建を買った。安全で緑豊か、工場の音もない。しかし、何かを失ったのではと、薄々感じてはいた。震災はその答えを露骨に教えてくれた。家が全焼したのにガレキに埋まった地蔵さんを心配する人。郊外仮設住宅でふれあい喫茶を運営する人。そして、長屋を復活したいという地主…。

　私は、人々の語りに耳を傾け、かつてあった下町の豊かさを再発見し、人間がつながる町の再生に、民俗学を役立てたいと思うのである。

9―2　長屋は研究されてきたか

　1995年の阪神大震災において、インナーシティ、とくに神戸市長田区の大火災については、神戸市民の記憶に残っている。民俗学の立場から都市を研究してきた私にとって、震災被害の大きかった長屋についてその形成史を振り返り、失われた長屋の価値について、検討することは、大きな意味がある。

　ところで、建築学では、長屋はほとんど研究対象になっていない。例えば、『図説・近代日本住宅史―幕末から現代まで』（内田ら　2001）には、「出島と外国人居留地」から「＜L＋nB＞の崩壊と多様な家族形態」まで住宅の近代史を考える53の事例が解説されているが、こと長屋については、「下町の住まい（明治・大正の長屋と貸家）」として、1講が与えられているにすぎない。一方で、長屋に代表される貧困を『住宅貧乏物語』（早川　1979）として糾弾する建築家も存在する。長屋は、建築学的には、見えない存在、もしくは、滅却すべき問題現象であったのだろうか。

　しかし、日本の住宅研究をリードした西山夘三には膨大な記録・スケッチがあり、『すまい考今学―現代日本住宅史』には詳細な長屋をはじめとした狭小木造住宅を含めたスケッチと見取り図が描かれている。また、西山は『増補　住み方の記』（西山　1978）において、生き続けた同時代（1911～94年）の住居変遷を、個人的な住み方を尺度に記述している。

　また西山らの提唱した住居学を受け継ぐ都市住宅学会では、長屋に関する問題意識がある。都市住宅学会提供の親子住まい方教室をみても、「長屋と路地の暮らし」が、形成史を踏まえて江戸時代の4畳半一間表玄関炊事兼用の裏長屋から、現代のタウンハウスにいたるまで解説されている（加藤仁美「長屋と路地の暮らし」都市住宅学会）。

　ここでは、1911年生まれの西山より半世紀ばかり後、1954年生まれの私のわずかな経験と西山のスケッチとを対比しつつ、日本の都市住宅における、屋敷や邸宅ではない部分、多様な狭小、簡易、共同住宅、赤や青の屋根瓦を持つ超過密の「文化スラム」（上田　1985、106）、「敷地にあふれるように立てつめた『文

化』アパート」（寺内　1992）を含む「長屋的なるもの」としか呼びようのない現代の多様な都市住民[1]の簡易で一時的な住み方について、検討したい。いきおい、分析は西山や筆者のなじみ深い関西の個別事例に集中するが、個別の小さな経験記録から、「長屋的なるもの」の意味を考えようと思う。個人的な記憶を材料に、世相との関わりで「長屋的なるもの」を考えたい[2]。

9—3　長屋とは何か

　柳田國男は「都市と農村」のなかで、「露地から出入をする裏庭のような空地に、十戸、二十戸の割長屋を建てて、市民の半分以上を住ませることになったのも、元は其の数だけの完全なる家庭が、そこに成長すべきことを予期せぬからであった。実際又、早期の来住者は職人でも牢人でも、別に幽かながらも本拠を田舎に持つか、さうで無ければ身一つの者が多かった。さうして次々に仮住の地を変へて居たのである」と述べている（柳田國男　1969、309）。実際、近代大阪の場合、住居の約95%は長屋であった（寺内　1992、7）。

　では長屋とは何か。

　柳田國男は日本の家屋を、「村の大きくて念入りな住居」と、「粗末な小屋」「一時的な仮屋」に分けている 。その上で長屋を「小屋」の延長上に見ている。さらに、町に永住しようという人々が、「門」「坪庭」「便所」をもった独立の住居を建てたと述べている。いわゆる「町家」の登場である（柳田　1970、187-192）。当然、町家は永住を前提とするから、仏壇・神棚が存在する。「流民」が住まいする長屋と、仏壇・神棚の有る町家とは、明確に区別されていた（宮本　1968、165）。

　柳田やそれを受けた上田の指摘を整理し、日本の住居変遷を考えてみると、次のように整理できる。前近代にあった、屋敷、村家、長屋、町家は、士農工商の身分にそれぞれ対応する。農は「村家」に住み、士は農から出発して、一族郎党を集め「屋敷」を構える。農が武装して士に成長するのである。その士が権力を行使するために都市に住まいするときは、一気に本宅を都市に移さず、「仮

屋」をこしらえ、下級の家来は「長屋」に住まわせた（柳田　1970、190）。大名の江戸屋敷はどれほど立派でも「仮屋」である。つまり、武家の都市居住は、身分に応じた「仮屋＋足軽長屋」であった。

　これが「むかし大名、いま会社」（中牧　1992）という現代になると、資本家は「邸宅」を構え、近代家族を中心とする和洋折衷の「文化住宅」（関西流の「文化・アパート」とは違う）に展開し、それがサラリーマンの「戸建住宅」に発展し、戦後、ハウスメーカーの作る工業化住宅によって大衆化する。内田青蔵『消えた東京モダン』によれば、この文化住宅の思想こそ、現代住宅に展開し、影響を与えた（内田　2002、52-57）。

　一方、工（職人）や、武家に付き、したがった足軽たちは「小屋」から発展した「長屋」に起居した。一方で商人は「町家」を作った。職人居住である長屋は、日本では職人ギルドができなかったから、不安定であった（上田　1985、154-155）。近現代に入って、長屋は2階建てに積み重なって「アパート」に展開し、その質をあげて中層化・高層化すれば、公団（UR）住宅となる。関西では個別玄関戸やアルミサッシにこだわった長屋・アパートを「文化住宅」と読んだ（徳尾野、横山、2014）。しかし、狭小宅地における戸建住宅志向は、結果的には、

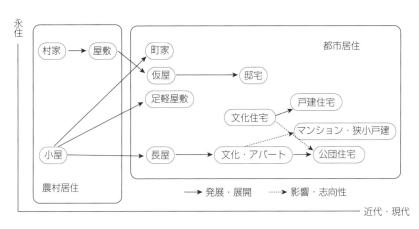

図33　日本の住居の発展・展開模式図

限りなく簡易な「長屋的なるもの」になる。マンションも、「○邸」と表現し、営業上の見栄えは「邸」を志向するもののその実、「長屋的なるもの」を少なからず受け継いでいるものである。

この発展展開の仮説を図示すると、（図33）のようになる。結局、現代日本の住宅状況は、理念的には、侍屋敷に志向性を持ちつつも、狭小宅地隣地境界30 cmほどで隣接した同じデザインの3階建て建売住宅が並ぶ[4]。この実態を考えてみると、現実は限りなく「長屋的なるもの」がはびこっているといっても過言ではない。

9—4　西山卯三『住み方の記』の士農工商の住宅

戦後の住宅政策を食住分離に導いた西山卯三は『住み方の記』を著している。

西山の住居記憶・経験は多様である。その記述とスケッチは、住居民俗誌といえるほど生活感が伝わる。西山卯三の疎開先である大原のYさんの家や、大原のソドという湧き水の共同洗濯場のスケッチ（西山　1978、191-206）、西山卯三の父の隠居（西山　1978、162）や西山卯三の疎水端の居宅「生垣のある家」（西山　1978、237）は、いきいきと描かれている。また、西山の父の隠居として建てた大阪市の帝塚山の邸宅は、中廊下で玄関の左手に「ようま」（応接間）、右手に女中部屋が、奥に座敷が連なり和洋折衷のブルジョアの暮らしを示している。西山自身の疎水端の居宅のスケッチを見ても、玄関右手に応接間があり、母の奉公先の商家（大阪市道修町）にも女中間がみえた。

西山の長屋住まいとしては、学生時代、京都で自活自炊をしようとしたという玄関凸土間型長屋が描かれている（西山　1978、74）。これは間口2間半の町家を小型にして連棟にしたものであり、大阪・神戸の狭小な長屋に比べれば、ゆったりとした長屋である。

一方、大阪の安治川で鉄工所を経営していた西山卯三の父が建てた14軒長屋（西山　1978、34）の平面図がある。表長屋は、間口2間土間勝手で、土間に沿ってミセノマ・ナカノマ・オクノマが並び2階がついている。北端の2軒は1

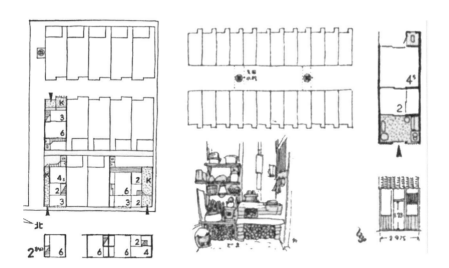

図34　大阪市安治川の14軒長屋
（西山「増補　住み方の記」より）

図35　　間口九尺の長屋（西山「すま
い考今学」より）

図36　天保期の大坂の裏長屋と共同井戸・便所（右）（大阪くらしの今昔館復元模型）

戸に改造して親戚が住んでいた。裏長屋は、前勝手（入口に炊事場）の二列土間で、ナカノマ・オクノマが続く、「二一列3段長屋」となっている。便所は個々にあり、奥に共同井戸が設けられている（図34）。これが近代の労働者の長屋の一つであろう。

9—5　長屋に対する評価

　長屋も多様である。江戸時代以来の棟割長屋とは、九尺二間といわれ、「1.5間×2間」で踏み込み半間が土間の前勝手であり、そこに座りナガシ、カマドがついている。屋外は共同便所、芥溜め、井戸、路地の中央にフタつき下水溝（西山 1989、70-71）と西山は定義している（図35）。大阪くらしの今昔館には近世の裏長屋が復元されている（図36）。近代には、間口は9尺であるが、奥行きが倍近くになり、共同井戸ではあるものの、個別の便所を持つ長屋が登場した。

　この種の住宅地区は、行政からみると、1世帯当たり使用室数1室が49%、2室が31%、1世帯当たり使用畳数12畳未満が80%、一人当たり占有畳数2.5畳未満の世帯が約70%に達し、共同施設を利用する世帯の割合が水道で63%、炊事場で24%、便所で47%となっている（東京都調べ）。要は密集不良環境地区ということになる（『厚生白書（昭和37年度版）』）。

　横山源之助『日本の下層社会』に登場する貧民窟、軒高2mの庇と庇が接するようにトンネル長屋（路地幅1から1.5間）には、間口1間半（九尺）の棟割長屋とそれに類するものが建っていた。紀田順一郎『東京の下層社会』では、残飯屋や少年労働、近親相姦、買春等の問題を指摘した後で、「ここで一つ考えなければならない問題は、住民にとってスラムを一刻も早く脱出したい〝仮住まい〟であるということだろう。それが不可能であるがゆえに、環境改善のための意欲を殺がれてしまうのみならず、木賃宿の宿泊人を見下すというような倒錯的な満足感に陥る。本来『宿屋住まい』であろうが『長屋住まい』であろうが、住民は等し並に〝流民〟であり、棟割長屋も"作業用の仮小屋"にすぎないはずだ。じつはこの点にこそ、スラム化現象をめぐる今日的な回答が隠されている」と述べ

ている（紀田　2000、35）。長屋は、流民の仮屋だというのである。

　しかし、こうしたスラム長屋だけがすべてではない。西山は、「西日本の都市庶民の住宅間取りは、通り庭型が主流であった。しかし、第一次世界大戦後、表家の間取りに大きな変化がおこってくる。『前勝手』で3段のうち、前が履物脱ぎと、炊事場に分かれた。二列になっていた」（西山　1989、156-157）と述べ、スラム長屋や前勝手二一列3段長屋も含め、近代化の激しかった「大阪の住宅は明治以来ずっと借家で占められ、神戸とともに借家の比率が高いところであり（略）その主流がまた長屋であった」（西山　1989、186）と述べ、近代化のなかでの多様な長屋の存在を指摘している。

　トンネル長屋、九尺棟割長屋はともかく、前勝手二一列3段長屋や後に紹介する文化住宅の住み方のなかにも、見るべきものがあるというのが、長屋暮らしをしてきた私の実感である。

　ところが、上田篤は「長屋はコミュニティとはいえない。そこには、空間の狭さや、プライバシーの欠如からくる赤裸々な人間の姿がみられ、それが往々にして美化されて、ヒューマンなコミュニティが形成されていたかに主張する人がいるが、現在残されている記録や文献によれば、たいていの長屋では、けんか、争論、夜逃げ、泥棒などが絶えず、とうてい、安定した住みよい社会とはいえない。また、いうほどに人間性の発露もみられない。むしろ貧困は人間性を醜くし、早くそこから逃げだしたい、と考えている人たちが、実際には多かったようである。その点、町家のつきあいは、一面、義理にせかれたうるささ、面倒くささもあるが、それによって地域社会の安定がえられ、一家の繁栄が約束される。ここでは、多少の義理づきあいも、やむをえないとみられている」（上田 1985、157-158）と述べ、長屋を認めない。上田は、持ち家で道路に接した、仏壇・神棚を持つ町家の通り庭の有利性を考え、紀田順一郎の主張と同様に、長屋のような借家は流民の小屋だと断じる。阪神大震災の長田区の復興まちづくりに関心を持った者として、残念ながら上田の指摘はよく理解できる。近代長屋のなかでの持たざる者同士であるが故の折り合いの難しさ、貧困ゆえの醜さ、逃げ出したい感情など、いわゆる

「下町人情」が怪しいことはよく承知している。長田で商売する商人ですら、少し余裕ができれば、商売は下町でしても、住居は郊外という例は多い。「長屋的なるもの」に生まれ育ち、ニュータウンに「逃げ出した」私が、「長屋的なるもの」を評価しようということ自体、無責任な自己矛盾かも知れない。

　しかし、もし文化が「人間の生活様式の総体」であるとするならば、多様な都市庶民の暮らしにも、棄てがたい積み重ねがあり、今日の住居を考える上で参考になろうと思う。

　上田が、町家という「建物」を見つめ「長屋」を切り捨てたのに対して、西山は多様な「住み方」をみつめ、町屋とともに長屋もその視野におさめていた。私は、西山の姿勢に親近感を持って、小さな自己の長屋体験知を再検討したいと思う。

9—6　高度経済成長期の生活体験

　滋賀県栗太郡瀬田町橋本の片田舎から博打で没落した（と曾祖母から聞いた）私の一族は、一人、また一人と、大正時代に近代都市神戸に出てきた。田舎のいとこ間で結婚させては、先に神戸に居ついた者が、後から神戸に出てくる者をその住居（少し大きな表長屋など）に「間借り」させた。

　当時の庶民の唄に「こうべ、こうべと、みな言うて来るが、神戸暑いか、皆はだか」というのがある。田舎から港湾労働に代表される肉体労働、いわば「はだか仕事」に出てくる人が多く、その住まい遍歴はたいてい、間借りと長屋暮らしの組合せであったのであろう。そんな都市暮らしの住まいの変遷を、個人的な記憶をもとに復元してみた。

　私の父は都市暮らしの第2世代、在神戸近江人の四男として生まれた。例の如く田舎のいとこから嫁を迎えたのが1953年、朝鮮戦争特需が終わり、高度経済成長の助走期であった。当初、四男夫婦（私の父母）は、兄の表長屋に間借りした。ほどなく、当時「新神戸」（今の新幹線新神戸駅とは異なる）と称されケミカルシューズ工業で発展しつつあった神戸市長田区松野通1丁目の平屋の裏

長屋に住む。長屋といってもトイレや炊事は個別で[5]、隣に在日朝鮮人の夫婦が住んでいた。竹竿売りから買ったという竹製の椅子を路地に出して幼い子が座り、その前を長屋の子どもたちが遊んでいた。都市人2世四男は、ダンロップ（現・住友ゴム）のゴム煉り職工をし、夜勤交代勤務の「明け」には田舎者の嫁を駒ヶ林の浜に連れて行き、地引網を手伝ってわずかの魚をわけてもらったこともあった。まだコンクリート護岸もなく、自然の残った浜では、ガス工場からこぼれ、潮に流された石炭を拾って燃料にする人々もいたが（駒ヶ林での伝承）、ダンロップのゴム練り職工として職の安定した2世四男はトイレ・炊事が個別の、「少しエー」長屋に住んだという（8章、図29）。翌1954年、この長屋で長男が生まれた。私自身である。ちょうど国鉄新長田駅が地元の請願駅として開業した年であった。

　現在、新長田駅北区画整理事業によって換地された空地が広がっている。長屋と路地は跡形もなく住民もほとんど移転したが、母は2、3の元住民とは震災後も行き来があった。この路地にも地蔵が置かれていた記憶がある。

　こうした長屋は、戦後、借家人が土地、家屋を買い取り、2階建てに改築するケースがあった。この場合、1間半（約2.7 m）の路地を、建築基準法（1950年以降）第42条の接道規定により4m以上の道路に2m以上接道せねばならなくなった。接道路地が約2.7 m（一間半）の場合、中心線（図の一点鎖線）から、0.65 mセットバックする必要があったが、この場合、点線のようにセットバックして2階建てにし、居住床面積を確保することが多かった。場合によっては、汲み取り便所から水洗下水に変わった場合、裏の汲み取り道（人一人分が入り、便所の汲み取り作業ができる半間（約0.9 m）に約0.25 m程度後ろにはみ出して敷地面積を確保し、2階建てにする場合も少なくなかった[6]。この場合、路地（私道）におかれた地蔵は、自動車通行可能な路地（4m）の交通障害設置物として、その移転、撤去等を求められるようになった。震災が発生する前から、地蔵は居場所を失っていたのである（8章、図30）。

　1959年、私の父、都市2世の四男は、それまでの長屋より西に1km、当時、都市周縁として新市街地ができつつあり、市電の終点であった須磨区板宿に、小

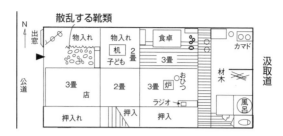

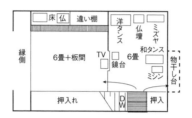

図37 神戸市兵庫区下沢通8丁目の表長屋

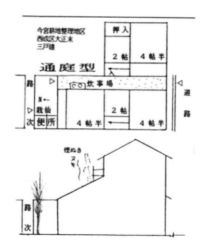

図38 大阪長屋の道路直接長屋通庭型の一般的平面立面図

さなモルタル塗りの平屋を買った。深夜勤務もこなす職工さんの努力の賜物であった。ところが父は半年もしないうちに死亡する。新居は彼の葬式のために購入されたようなものであった。結局家族は、神戸市長田区の番町部落と兵庫区との境界にある祖父母と長男一家が同居する2階建ての表長屋に再び間借りした（図37）。神戸水上警察に勤務していた祖父が借りた長屋は公道に面し、比較的居住面積が広い2階建て表長屋であった。表間はミセと呼ばれ、玄関土間が細長く、左半分は自転車などの物置になっていてカーテンで仕切られていた。今から思うと、もともと通り庭があり、ミセを構えた表長屋と思われる。通り庭は中の間・奥の間に接する部分は板間に改造されていた。奥の間には、炉がきってあり、やぐら炬燵を設えていた。ときには、鞍馬弘教（1952年認可、神秘的直観による天台系新宗教）の「先生」を呼んで、ここで護摩を焚いていた。護摩の煙がとぐろを巻き、竜になっているという記念写真が、2階の仏壇に飾ってあった。奥には、右に便所、左に炊事場があり、中央中庭部分にトタン屋根を設け、「ゴエモン風呂」（囲い無しで、鋳物製の長州風呂をコンクリートで据える）[7]を設置した。燃料は、隣の製材所の半端材を使った。2階表の間には違い棚、床の間があり、そこに仏壇を置いた。

　これは、大阪の門塀型、生垣型のような和建築デザイン、または洋風デザインを施したような長屋ではなく、道路からの直接型通り庭の長屋である。間口は2間半（通常は2間）あり、親戚の者の間借りを想定した、若干大きめの簡易な2階建て表長屋であった。これは大阪の道路直接長屋通庭型の2階前廊下（図38）と同様に、2階の道路側に廊下（縁）を設け側柱間に板ガラスを全面に用い、明るい空間をつくりだしていた。

　こうして、幼い子どもの世話を義父母・義姉に任せて、母が働きに出た。この2階建5部屋の少し大きめの表長屋には、1階表の間と中の間に長男夫婦と4人、兄弟姉妹の6人、奥の間に祖父母と三女の3人、2階表の間に長女夫婦と4人兄弟姉妹の6人が住んでおり、そこに、母子家族3人が新たに2階奥の間に紛れ込んだ。都合18人の大家族生活であった。他に、ミー子というトラネコがおり、

西向きの1階表の間で、ガラス戸から入る西陽を、祖父母と並んで浴びるのが日常であった。側には紺色の釉薬が掛かった陶製火鉢が置かれ、入れ歯の祖母がよく干し芋を焼いてムシャムシャと食べていた。

確かに一人当たりの畳数は少ないが、多年齢層の人々が共同で暮らす楽しさには、棄てがたいものがあった。今から思えば、一種の親戚であるが故に許されたプライバシーのない、しかし年長のいとこが、年少のいとこの面倒を見る多世代の「ふれあい住宅」[8]であった。さらには、表通りには、製材所、もんもん（ヤクザ）、駄菓子屋、風呂屋、不動産屋、電器屋、氷工場、クリーニング屋が並び、それぞれに個性のあるおっちゃん、おばちゃんがおり、その大人たちのまなざしの間に、子どもの世界があった。家屋内の遊びは、家屋外の遊びに連動したような暮らしであった。その後、長女夫婦が近くのアパートへ転居し、三女が結婚して出て行くことはあったが、この母子3人の間借り生活は、1959年から1965年まで続いた。現在、その近辺には、18人の家族は誰も残らず、震災で倒壊した表長屋の更地だけが残っている。

この4棟連続の表長屋の左端北側の2階奥に、私たち母子3人家族は間借りしていた。その表長屋の左端南側に地蔵が祀られていたが、個人祭祀の地蔵で

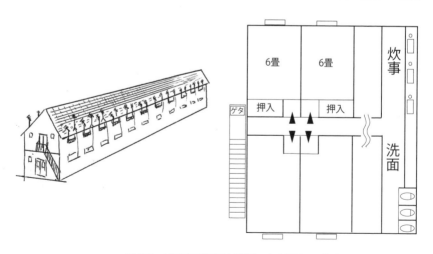

図39　神戸市兵庫区中道通、水木通のアパート

154

あって、地域で地蔵盆をした記憶はない。地域での地蔵盆は、道を隔てた、番町に多かった。

　一方、私の住む中道小学校（現在は廃校）校区には木造モルタル塗りスレート瓦というアパート群が各地にあった（図39）。小学校の裏には、その種のアパートが数棟あった。小学校時代、奄美や沖永良部、九州出身と称していた同級生が、この種のアパートに住んでおり、よく遊びにいった。入り口には、共同の下駄箱があり、2階建ての通り廊下に向かって部屋が並び、奥に共同便所（後ろ向きが3室）、共同洗面所、共同炊事場があった。2階へは鉄骨外階段であがる。各部屋の窓には小さな木製の出棚がついており、水色等のペンキが塗られていた。その棚の横にはたいていテレビのアンテナが括り付けてあり、上部には、物干し竿に洗濯物が吊るしてあった。1階の人のテレビアンテナは屋根の上にあった。

　1965年、母子家族の自立は、この表長屋から100m余南の小規模の「南川文化」であった（図40）。長い鉄砲階段を上がると桐谷鉄工所の上に4部屋があり、奥から2つめが新居で、床下はほとんど無く、洗濯機が置かれたリノリューム張りの廊下から10cmほど上がったところに畳が敷き詰められており、人一人立つのがせいぜいの炊事場兼洗面所があった。トイレも狭く、斜めに便器が置かれ

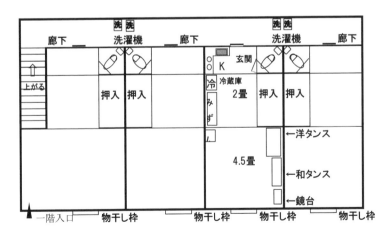

図40　神戸市兵庫区中道通9丁目、南川文化住宅

ていた。間取りは、「前勝手三段長屋」の立体版といえる「文化・アパート」である。

　ところで、尿と人糞が用途を区別して農民に売られていた時代は、街角に小便たんごが置かれ、小便所と大便所は区別されていた。ところが、戦後、化学肥料の大量投入のなか農家が糞尿回収する必要がなくなれば、建築面積を狭くするため大小便の便器は共用された。しかも、個室の幅を狭くとろうとすると、人間のしゃがみこんだ形状から便器はいきおい縦になり、戸はしゃがみこんだ後ろになる（図38、図39）。この場合、男性の小便が大変難しい。清潔を保てない。そこで（図40）のように、水洗になった折に男性が立って小便をするレベルと、しゃがみこむレベルに段差を付け、さらに狭さを解消するため斜めに便器を据える便所も登場した。

　一方、18人家族が、次々自立し、長男夫婦とその家族だけになった7人暮らし（祖父はすでに死亡）の長屋で、ほどなくして祖母は亡くなった。18人共同居住の孫の中で、もっとも年下の私の弟が、長屋を離れたことが辛かったのか、祖母は亡くなる直前にこの文化住宅まで弟を探しに来たという。一族の共同居住の夢、離れがたき思いが祖母の内心にはあったのであろう。

　そうした、祖母の思いを知る由もない私は、せっかく自立した文化・アパートの一室も「家」とは思えなかった。家が狭いのか、町が広いのか、私は家中に落ち着くことはなく、いつも街中を彷徨した。西陽の輝く、電信柱のつづく被差別部落のトタン屋根のバラック住宅、その中の夕食の臭いや、8月の地蔵盆の夜の紅いちょうちんに、あこがれていた。

　この「文化」と称した木造賃貸アパートの隣人の記憶は極めて薄いし、その後の付き合いもほとんどない。いかに簡易とはいえ、路面で家庭の内外が結びつく長屋と、狭い廊下から個室に入ってしまう文化・アパートとでは、住民間の関係性がまったく違う。後者の場合は、上田の主張する長屋スラム論は、経験的にある程度肯定できる。

　1971年、もう少し広い場所を求めて、少し山手の長田区前原町1丁目15-

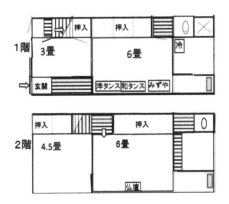

図41　神戸市長田区前原町1丁目の中野文化住宅

25の「中野文化」にさらに転居した（図41）。正面左の半間のアルミ製ドア入口は2階居住者の玄関であり、右の1間のガラス違い戸は1階居住者の玄関であった。ガラス違い戸より1階居住者の玄関幅が狭く、表の間の一部から玄関の違い戸がわずかにみえて、ここから隙間風が入る。

　同じ「文化」と称しても、中野文化（図41）は

　（a）　直接、道にガラス戸の玄関が面している

　（b）　狭いが合理的にできており、共同ではなく各戸ごとに水道、便所がある

要件（a）（b）を満たす「文化住宅」であり、（図40）は要件（b）のみを満たす、「文化・アパート」であった。（図41）には、汲み取り便所の名残があり、2階住居の便槽の吹き抜け？（⊠）が、1階の平面図に表れている。また、家具の大きさを見計らい作図してみると、ほとんど家具の間に暮らしており、必要以上に収納が大きく、玄関奥の板間にも、買い溜めた消耗品が置かれていた。70年代の文化住宅生活はモノに囲まれて暮らしてきたといっても過言ではない。私が高校教員になって以後、上下を借り切り上下連絡のドアをつけ、居住空間を二倍にした。

　母は1995年の震災の日まで、この文化住宅に23年余住み続け、その人間関係は、今日も続いている。これまた路地を通じたお互い様の暮らしがあり、母はときには隣人の介護までしていた。

　しかし、私個人は、庭付き一戸建て、リビングとキッチンのある暮らしに「家族」

を妄想した。1985 年、私は結婚と同時に、神戸市住宅供給公社が造成したニュータウンの土地に、ハウスメーカーが建てた工業化住宅をローンで購入し暮らすようになった。地価が右肩上がりの当時、誰でもが考えたように、未だ地下鉄が開通しない西神ニュータウンを安い時期に、買っておこうとした。ニュータウンは子育てする専業主婦のつれあいには楽しい環境であった。ニュータウンの下に広がる旧村の市立幼稚園への通園[9]、おやこ劇場[10]の母親つながりは充実していた（ようだ）。しかし、大阪方面の大学に通勤するようになった私にとって、郊外生活は苦痛以外の何物でもない。私は忙しく（楽しく）地域活動するつれあいの運転手の役目を果たしつつ、自らは、大阪から 90 分、神戸都心から 60 分、駅から歩いて 25 分の距離に疲労困憊していた。行動はいつしか自動車中心となり、朝 6 時に出て、大阪府箕面市の大学で講義し、夕方大阪市内で会議に出て、深夜、神戸の西の果てに帰るという、自動車で駆け抜ける生活となった。

　こうしたなか、1995 年阪神大震災が起こった。本来なら早朝から奈良県境の大学へ非常勤講師として自動車で出講するところを、異変に気づいて中止した。その後、復興まちづくりの現場で、被災インナーシティの人間的な豊かさに気づいた私は、郊外住宅に懐疑的となり、都市住宅学会のワークショップ「郊外化の光と陰」（『都市住宅学』第 30 号、2000 年）のパネラーとなってからは、同席パネラーの建設コンサルタントが示唆した「郊外の終わり」を強く意識するようになった。

　興味深いことに、被災した母は、当初、西神ニュータウンの私の自宅に避難していたが、ほどなくその近くの西区高津橋仮設住宅に移った。仮設住宅の部屋は、前勝手の長屋と同じ間取りであった（図 42）。母は、震災でほとんどの家具、荷物を手放したにもかかわらず、またしても、より簡易なビニール製の衣装ケースなどの物に囲まれて暮らしていた。

図42　神戸市西区高津橋仮設住宅

9—7　文化住宅・アパート

　このように記述してみると、私の「住み方」は西山とは違い、「文化」「アパート」とは称するものの、ほとんど「長屋的なるもの」であった。しかし、本来の文化住宅、アパートとは何であろうか。

　本来の文化住宅とは、1920年代、関東大震災後の和洋折衷の西洋板張り、または白モルタル塗りのサラリーマン住宅（太田博太郎『図説日本住宅史』）であり、『消えた東京モダン』によれば、最新ファッションに身を包み、「銀ブラ」を楽しんだモボ・モガのモダンでおしゃれなライフ・スタイルの住居であった。「文化住宅」という言葉の初出は、1921（大正10）年11月、雑誌『住宅』文化住宅号、だという（内田2002、52-57）。以後、大正末期までに「文化住宅」が散見される。文化住宅は大正の流行であった。1922年（大正11）、東京上野公園で開かれた「平和記念東京博覧会」の一画に「文化村の簡易住宅」が建設された。『住宅』同号の橘教順「バンガローと文化生活」（目次は、「バンガローと文化住宅」）に注目した内田は、以下のように文化住宅を定義している。

　①洋風の小住宅

　②郊外の住まい

　③手間を省く簡便な住まい

　④科学的で合理的な生活のできる住まい

　⑤応接室、客間はいらない

⑥子ども室は必要

⑦女中はいらない

⑧家族本位で居間が中心

とある。この近代家族を基礎とするリビング中心の住宅は、現代の戸建住宅、マンションの間取りの基礎になり、大正期の郊外化と関わって登場した。

　転じて、関西では、60 年代の人口集中時に作られた、個別玄関付モルタル簡易長屋を「文化住宅」と称した。戦後開発された住宅地に密集し、現在では老朽化・空家化している場合が少なくない。

　一方、近代的な集合住宅＝アパートメントハウスは、南北戦争後のアメリカで、産業革命と資本主義の成長によって大都市が発展し（略）ガス、電気、電話、給湯、暖房など集合住宅の利を生かす文明的な設備をもったもので、1906 年にピークをむかえ、75% が 3-5 室であった（西山　1989、215）。1922 年、財団法人文化普及会（文化普及會）によって建設された、日本初の洋式集合住宅であるお茶の水文化アパートは、暖房・給湯・炊事・洗濯・応接室・浴室・庭園・運動場の共同化により、中間層に近代的な暮らしを提供しようとしている。

　しかし、一般的な日本のアパートは、共同便所の下宿のようなものであり、1934 年、内務省調査によれば 6 大都市のアパートは、木造が 84.8% で 2 階建てが多い（西山　1989、226）。大阪では 4.5 - 6 畳の和風畳敷きであった。それが「木賃アパート」という形で都市における一般賃貸住宅の代用品として大きくあらわれてきたのは戦後の 1953 ～ 54 年ごろである（西山　1989、350）。大阪では「設備共用民営借家」を「アパート」と呼び、「設備専用民営借家」を「文化住宅」と呼びならわすようになった。そこにも地蔵盆はあったかもしれないが、私にはアパートが所有する地蔵盆は記憶にない。長屋と地蔵、そのコミュニティこそが重要な都市文化であると考える。

9—8　「住み方」の評価

　ここで紹介した住宅と同じ時代、1960 年代、兵庫県川西市では、戸建ながら

連棟の住宅が増えた。10坪未満で、6＋9畳（川西畳は6割の広さだから、実質6畳一間）の違法建築の建売住宅が多かった（西山　1989、360-363）。川西畳の住宅はほとんど再開発されて残っていない。

　私の紹介した住宅も、今はほとんど残っていない。震災があったとはいえ、元々老朽化し、メインテナンスが成されていない住宅は、震災に耐えられなかった、耐えても密集市街地の区画整理事業によって建替えざるをえない場合もあった。これらの長屋は、どのように評価されるべきであろうか。流民の不良住居として、住宅史の汚点として、無視してよいのであろうか。

　そもそも多様な人々が移り住む都市に、共同体など可能であろうか。地蔵の祭祀主体をもとに、考えてみた。

表18　都市の多様なコミュニティの仮説

住居	住民の関係	時間経過
町家	共異	共同
長屋的なるもの	共異	共移

　（表18）のように仮説してみると、都市は共同体というよりは、多様な人々が集まる「共異体」といえよう。町家の多い、京都・大津には、異なることを前提に町会に集まる、外部には閉鎖的な「共異共同体」がある。これに対して、長屋的なるものには、共異の人々が移動の一時期隣接して暮らすなかでの助け合いのような、「共異共移」のなかでの助けあいやふれあいがそこはかとなく現れては消える。棟割長屋や、近年の川西畳の住宅群、文化アパートにも、それなりの暮らしがあり、移動のプロセスのなかでも、支えあう、ふれあう暮らしはあったと考えられるが、地蔵を置き、地蔵盆をするのは長屋地域であった。

　今日、村や城下町の共同体や、町家の共異共同体のみを前提に、閉ざされたコミュニティだけを考えてはいけない。むしろ、これからの非定住・標準家族を前提としないコミュニティ政策、共同居住を考えるにあたっては、長屋的なるもののなかにある「共異共移体」とでも表現しようのない「住み方」から学ぶことは多い

ように思う。「異」と「移」のなかで、開かれた「共」を考える、「共同住宅」
や都市デザインを検討するとき、地蔵を核とした共異共移の長屋的共同居住の住
居変遷、地蔵や地蔵盆の変化は、興味深い。

【注】

1　上田篤は、こうした長屋に住む都市人を「流民」と否定的に表現している（上田　1985、18-97）

2　ここでは、住宅史を定量的に分析するのではなく、住み方という集合知について、個人の体験知
　　を尺度に定性的にその意味を測りたい。住み方というような意識は、定量的に計測できるもので
　　はなく、個人的な、しかし同時代の生きる者の「分有」する体験知でしか計測できないと考える（川
　　田　2004、1-16）。

3　日本生活学会を作った今和次郎は、『日本の民家』（今　1989：初版 1922 年）で、小屋を中心
　　に描いている。これは、豪農、庄屋建築を中心に民家研究をすすめた戦後の建築学の動きとは異
　　なる。日本生活学会に所属する筆者は、前者に共感している。

4　敷地境界を節約するため、複数の 3 階連続建てを一体的に建設し、完成してから販売時に分筆
　　登録する。隣地境界は、民法 234 条では両側から 50 ㎝だが、この場合それを下回ることが多く、
　　一見、連棟のようにも見える。ならば、共同住宅化、タウンハウスのような連棟にすればよさそ
　　うなものであるが、消費者はあくまで戸建を志向するのである。

5　府県は異なるが、明治 42 年 8 月公布「大阪府建築取締規則」には、「住家には各戸に便所を設
　　ける」（第 58 条）とあり、「裏屋には通路を設け 2 方向以上に道路又は通路に接続させ、通路の
　　幅員は 9 尺以上とる」（第 63 条）とある。確かに、私の生まれた長屋には個別便所があり、西
　　から入った路地の最奥にあったが、東から入った別の長屋の路地とカギ型に貫通していた。

6　この汲み取り道はみ出しは、民法第 234 条の民法境界 50 ㎝に抵触することになるが、第 236
　　条に「前二条の規定と異なる慣習がある時は、その慣習に従う」により、密集市街地においては、
　　「お互い様」としてはみ出す事例があった。

7　五右衛門風呂とは、竈を築き、その上に鋳物釜を載せ底板とする。その上に木製桶を載せて湯を
　　沸かす。長州風呂は、竈の上に総鋳物釜を置き湯を沸かす。入湯のときに底板を沈める。両者は

162

しばしば混同される。

8　阪神大震災後、神戸市が導入した、コレクティブハウジングは「ふれあい住宅」となづけられた現代的にいえば、多世代シェア居住ともいえる。

9　団地内には市街地から移転してきた私立幼稚園しかなく、それに入るために募集前夜から徹夜する母親もいた。空洞化して、経営危機にある市街地の私立幼稚園の郊外化促進、私立幼稚園支援の色彩があった。

10　良い劇を見せるための、全国規模の母親活動。つれあいが所属していたのは、地下鉄沿線の神戸須磨北おやこ劇場である。

10 章

長屋経験を活かした現代居住

10―1　長屋的なるもの、民家的なるもの

　本書では、個人的な長屋経験、地蔵記憶をふりかえりつつ、近代都市神戸における狭小木賃住宅、長屋的なるものの変化を、都市計画の変遷・阪神大震災をふまえて論じてきた。そのなかで、長屋の地蔵祭祀、地蔵盆について聞き書きをもとに、その意味を論じてきた。

　本章では、さらに個人的な経験、長屋的なる住み方について論じる。筆者個人は、勤務や家庭の都合もあり、現在、長田区に住まず長屋居住をしていない。しかしながら、現在の戸建て住宅を建設するにあたり、内外のコミュニケーションや木・土・風へのこだわりを、本報告のように実践した。この実践を内省してみると、共同居住や長屋的なるものへのこだわりともいえる部分がある。

　本章では個人的な家の建てようにおける、長屋的なるもの、民家的なこだわりを論じたい。

10―2　家の構想

駐車場

　通常は、道路から縦に駐車場を置いて、塀と門を配置するのが普通であるが、利便性の高い市街地の自宅は114m²しかない。ここは思い切って、道路と平行に駐車場を置くことにし、塀を設けず舗装せずに庭にハーブを植えた。前面私道も4mなので開放したほうが圧迫感がない。

　ところで庭は何のためにあるのか。日本の農業文化では、ニワとは屋内土間や屋外カド（前庭）での炊事・農事作業の場であった。しかし、私はニワに穀物を干す生活をしていない。結局、消費時代のニュータウンの庭は趣味のガーデニングとなるが、庭の維持が大変で、毎日伸びる夏草と大闘争となる。

　市街地の新住宅では庭を諦め、スペアミント一色にしたのは正解であった。ただ、正面の庭を開放したため、生ゴミ処理のためのコンポストの置き場がない。しかし、EM菌を利用した生ゴミ桶を炊事場の下に置き、生ゴミを減量し、2カ月に1回、庭隅の花壇に埋めて解決した。

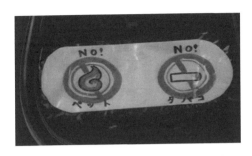

図43　ペット糞とタバコのポイ捨て禁止表示

　これには問題もある。狭い私道では、他人の自動車が留守中の緑の庭に入り込み、すれ違うのでスペアミントが育たない。また、犬猫が入って糞をする。なかには、放し飼いで散歩させる飼い主もいる。近くのマンションからの通勤者には、タバコを我が家の前でポイ捨てする者もいる。そこで、植木鉢を置いて侵入を防ぎ、またマイカー駐車中は、マイカーの左右前後に、図43のような「ペット糞とタバコのポイ捨て禁止」のサインを貼り付けた。

　このように庭を公開することは、苦労も多いが、緑を隣人と共有するという楽しみもある。先日、向かいのマンションの住民が「まあ、きれいなお花」といってくれたときに気づいた。私は無意識に、下町の少し口うるさい爺の、盆栽で緑あふれる路地を実践していたのだ。

家屋形状と窓向、そしてゴミ置き場

　次に考えたことは、建物を四角にするか京町家のような坪庭のある凹にするかである。結局、狭小な敷地面積では、壁面積が3倍に増える坪庭はコストも3倍になる。それで真四角とした。では、西向の狭い敷地での日照をどうするか。ここで思いついたのが、北隣Sさんの立派な庭。境界の塀も低いので、北向窓リビングを決意した。しかし、もしSさんを怒らせ、波板壁をSさんの南側に建てられては大変だ。そこで、計画段階で私は恐る恐る北隣のSさんに伺ってみた。

　Sさんの大奥さん、真っ赤なバラを庭で育てる典型的な「阪神モダンマダム」はこういいのけた。「お互い様。自分でしっかり建てて暮らしていただけるならいいで

すよ」と。後日、若主人との立ち話でわかった。昔、このあたりは枝垂れ桜のある美しい屋敷街だった。ところが、徐々にミニ開発され、Sさんの北側は敷地が3等分されて借家となり、東側は4戸のミニマンションになった。かつては、一時住まいの借家住人とは、意識のズレがあったのかもしれない。

では、南側のMさんにはどう説明しよう。先方も限られた敷地を活かすために、南北の通りリビングにしている。その北側に我が家が建ち、南側にトイレや風呂をもっていくのである。窓が重ならないように注意したが、我が家のトイレから、Mさんのリビングの北向窓が見える。そこで、トイレの窓にプラスチックの白い覆いをつけた。すすんで目隠しを取り付けたことでお許しをいただけた。

ニュータウンから市街地に住むようになって、最も驚いたことはゴミ置き場に対する評価である。私が「空き地だった敷地前に押し付けられているゴミ置き場は、移動してもらえるのですか」と尋ねたところ、「あらっ、便利じゃない。昔は収集車が来なくて大変だったの。それでお願いしてきてもらったの」と。なるほど、不特定多数のゴミ置き場は嫌われるが、顔の見える近隣関係のなかでのゴミ置き場は、生活利便施設なので、家の前にあると便利なのだ。ニュータウンではゴミ置き場近くの宅地が避けられ、旧市街地ではゴミ置き場を押し付けあって、結局、小学校の隅に追いやっているのを知っている私は驚嘆した。

2020年COVID‒19で、自宅からonline 授業をしだすと、私はゴミ出しのカラス対策が大変であることに気づいた。通勤しないので太りだし、近隣を歩くよ

図44　オープンな庭とカラスイケイケ（道路境界は可動プランターで）

うになると、妙案に気づいた。私の発案で「カラスイケイケ」という簡易組立ネット
を近隣でシェアして買うことになった（図 44）。これをきっかけに、近隣コミュニケー
ションが促進され「ゴミ端会議」がおこなわれるようになった（図 44）。

木造のどこが良いのか

　木の日本家屋における利点については、「熱伝導率がコンクリートの 1/10、物
理的衝撃吸収度が適度で足が疲れない、吸湿性が高く湿度を抑え乾燥を和ら
げ、適正残響で気分がいい音環境、約 50％の反射率で色に疲れない、フェトンチッ
ドでリラックス、燃焼時に有毒ガスなし、ダニを防ぐ」（宮脇　1991、140-146）
などがある。だから木であればいい。プラスチックや壁紙でごまかすより、集成材、
「高級ベニヤ」「草みたいな米栂（米国産）」といわれようが、財布に見合う限
りで木にこだわった。

　建築途中の 3 月、家族でスキーに行った。宿の白濁した硫黄臭のある湯の白
木の湯船につかって疑問がわいた。「ユニットバス？　一生、プラスチックの塊のな
かで湯をあびるのか。最初は綺麗だがプラスチックも劣化する。15 年後、大きな
プラスチックの塊をどう処分するのか。そんな心配をするよりも、檜の風呂にしたい。
最初は香りを楽しみ、水になじんでくれば肌触りを楽しみ、古くなってカビが生えて
気に入らなければ燃やせばいい」。スキーから帰ってインターネットで調べると、広
島の会社が、一坪用の檜風呂のユニットを売り出していることを知った。さっそく施
工の L 社に相談すると、明日がユニットバスの納期であった。バスの色や手すり
の色合いまで決めておいて、施主の突然の心変わりに業者は困った。納入品が
だぶつき、職人の都合が変わる。しかし、L 社は「お客が求める建物をつくろう」
と決断してくれた。

　この頃には、私の次々出すアイデアに、社長は共同制作者のような気分になっ
ていた。ハウスメーカーのサラリーマンにはできない決断である。檜風呂にした場
合、排水設備の設えが異なるので、社長自ら、設計変更を書き直してくれた。

　檜の湯船は、垢がほとんどこびりつかず温まる。肌と木の触れる感触と匂い。
白木の雰囲気ある一坪の風呂は、爽快である。風呂の保全は水洗いして乾燥第

一とのこと。ユニットバスのように流線型の傾斜で湯を排水するわけではないので、底に湯が残る。いつも排水した後は、柄つきスポンジで水を追い出し吸い取る。最後は、バスタオルで、丁寧に水分をふき取る。ときには、隅に檜オイルを歯ブラシで塗って維持する。ちょっと面倒であるが、木との暮らしとはこのようなものである。

近年、長屋も、木造であるがゆえの加工のしやすさ、親しみが残り、古い長屋がリノベーションされている。

木と土で簡易につくられた長屋は、（体験的に）雑多で、寒くて、維持が面倒な、できれば避けたい住居であった。私は、長じてニュータウンで結婚生活を送った。しかし、震災復興のまちづくりに関わるなかで、工場でプレカットされたパネルを貼り合わせた工業化住宅よりも、土と木を手入れしながら暮らす長屋のほうが魅力的に思えてきた。そこで、現在の西宮市旧市街地に新築転居するにあたり、木造在来工法を採用した。

近年、木造の長屋をリノベーションして暮らす人も、徐々に増えてきている。本章で紹介するのは、長屋的な感覚を持った一個人の、木造家づくりの一つの試行である。

通気とデザイン

吉田兼好は『徒然草』のなかで、「家のつくりやうは夏をむねとすべし」と述べている。気密性の高い住宅は、断熱効果は良いが、空気の入れ替えができず、アトピーの一因ともなる。日本では、体感温度は着る物で調整するのが本来である。

宮脇は「羊水の中にふわっと浮いている、子宮回帰のような家、薄暗くて、どこからとも音楽が聞こえ、あたたかい風が吹いて、いい匂いがする、側壁が土・皮・毛皮・布といった柔らかいものに覆われ、穴倉のようなところへの願望がある」（宮脇　1998a、32-33）と、家の理想を述べている。本来は漆喰で湿気を呼吸・調節させるのが良いが、ここでは珪藻土を壁材用に加工したものを使った。炭以上の調湿、消臭、浄化機能がある。これを使って、左官職人に鏝跡が残るような仕上げをしてもらった。

外壁デザインは、敷地前の路地の土色と近隣のコロニアム式の緑の家並み、

近所の大学学舎の色合い、デザインに従うことにした。すると、北隣のＳ家と我が家が、Ｓ家の松を挟んで、美しい中庭のようになった。外観デザインは個別の美しさよりも、近隣との関係性を活かせば、既製品サイディングでも充分美しい。

　通気については、図のような階段室を使った、ロフト、２階、１階へ、南側の踊り場から甲子園の浜風を入れ込むようにした。風を通す土と木の住宅は、長屋のつくりに通じる（図45）。

気配を感じるリビング

　日本の住宅の戦後近代化の第一歩は、ダイニングキッチンの登場であり、その後、ハウスメーカーが、リビングルームでの郊外核家族の団欒を描いたが、その実際は寂しい。子どもたちは個室でテレビを見、ゲームをし、妻は寝室にひきあげる。遅く夫が帰ってきても、いつも無人のリビングがある。その最大の原因は、玄関からすぐに階段になっており、リビングとは関係なく個室生活ができる間取りにある。個室にミニ冷蔵庫と電子レンジを持ち込めば、立派な下宿屋である。口うるさ

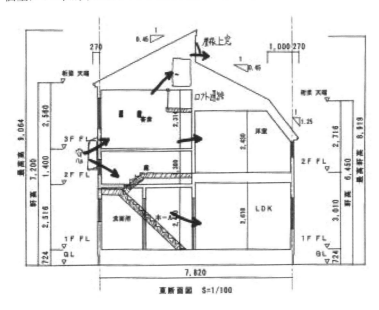

図45　階段室を通じた通気の断面図（吉本知一氏原図）

い母親や、帰りが遅く家族の実情がわかっていない父親の気配がするリビングを避けて、子どもが個室にこもるのは当然である。

そこで、私は玄関の横に直接リビングをつけて、リビングから階段を通した。これならリビングで顔をあわせねば自室にいけない。階段室の入り口にはスライドドアをつけ、開けておくと個室から子どもの気配がリビングで感じられる。宮脇の指摘する、リビングは「個室の動き、台所の動き、洗濯の音、トイレの気配をそれとなく感じる場」（宮脇　1998ｂ、44）というテーゼを実践した。それぞれの自立した生活を認めつつ、そこはかとなく相互の気配を感じながら暮らすことこそ、家庭生活の楽しみの一つではないか。リビングはそのためにある。長屋は、プライバシーのない生活ではあるが、個々の気配を感じることは共同居住にとって大切ではないか。

出会う場としての階段室

そういう意味では、気配を感じるリビングと、個室を結んでいる階段室は重要だ。したがって、階段室はすれ違えるための十分な幅があることに留意した。

個室と気配を感じるリビングとの切換ゾーンとしての上下運動空間であるから、下からロフト屋根裏まで、約9ｍの吹きぬけとした。

U字（行って来い）で踊り場を広く取った。（鉄砲階段は、出会いを許容しない）

横に伸びた梁木2本がみえるようにし、共同居住の家構造を意識できるようにした。折り返し踊り場に掲示板を置いた。階段は、家族がすれ違い、声を掛け合う移動コミュニケーションの場である（天野　2000、123）。

リビングは南面すべきか？

都会の至便な町にある、西向きの狭い敷地の我が家では南向きは難しい。隣家と近接するため、南向きリビングは不可能だ。しかし、本当に南向きがいいのか。ニュータウンのたいていの家が南向きを良とする。南向きは冬は暖かいが、夏は暑い。雨戸を閉めても放射熱でなお熱い。西陽は当たらぬように設計しても、夏の電気料金は際立つ。

そもそも日本の農家民家では、カド（前庭）で収穫した穀物を干す。だから家

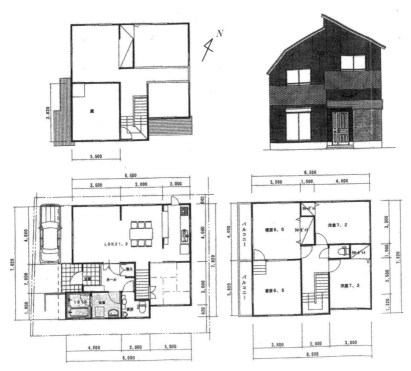

図 46 自宅平面図、断面図（左下1階、右下2階、左上中2階）

は南面して、縁に腰掛けて作業ができることが望まれた。しかし、庇が深く長いので、直射日光や放射熱が部屋に入らない。居間の周りの軒下には板敷をめぐらせて「縁」とした。内側に雨戸がある濡れ縁、外側に雨戸がある内縁とがある。縁は収穫物の干し場、置き場、座り作業場、気楽な客の迎場、出棺・僧侶の出口、気軽な接客の「縁」をとりもつ場となった。

　農作業のない、浅い庇の現代住居に、南向きは必要か?私の場合、西向きなので西陽が心配であったが、道を挟んで対面する7階建マンションのおかげで、西陽は防げた。ちなみに、朝日のあたらぬ悔しさを隠して自慢するなら、オール電化の4人家族の夏季のガス代なしで8000円／月。ソーラ発電売電分を引くと月5000円の光熱費だ。

豊かな空間

家族が気配を感じ、居りたくなる空間、リビングとは何か。気分の良い空間とは何か。ダイニングとあわせて 21.2 帖の窓広とした。ただし、中間に強度補強の壁を入れた。椋腰板と珪藻土漆喰で湿度調整と音の響きを感じれるようにした。

間接照明3カ所と、天井照明のグラディエーションの減光で、落ち着きを保つ。特に、間接照明が鏝痕の残る漆喰壁を照らすと、椋材と調和して落ち着いた空間をつくる。高さは 2.6m。寝そべることを基本とし、ソファーを処分した。冬は床暖房、夏はフローリング床材の感触、かがむことでの空間の高さを楽しむようにした。

一枚板の低机（磨原木の下に H 組木材を置いただけ）を施工の L 社からプレゼントされ、それを置き、座椅子に座ることとした。

このリビングで私は FM を流して休息し、ダイニングの奥にパソコンを置き、腰の低い、茶色の低い椅子を置いた。現代の「横座」である。とすれば、農家民家の主人が座る横座の上にある神棚とは、現代では情報を取り出すパソコンにあたる。情報とは、先を見る「託宣」なのだから。また、ソーラー発電の室内機の発電表示は、我が家の「太陽神（天照大神）」である。「横座」や「太陽神」は、長屋にはない、民家建築にある機能を取り入れた。

10—3　子ども部屋不要論と暖簾

子ども部屋とは、大正期の住宅洋風化を前提とした「生活改良」の思想から、児童の尊重⇒個室の要求となった。戦後の民主化で個室要求の意識は向上したが、子ども部屋を具現させたのは、昭和 40 年代のプレハブ住宅において、受験戦争に勝つための「子どもが落ち着いて勉強できる専用の個室」が商品として用意された（『大衆文化事典』）からだ。しかし、子どものコミュニケーション欠如、家族団らんの崩壊、個室での少年犯罪の頻発などを背景に、子ども部屋を見直す動きが出ている。天野彰の『家づくり　建築家の知恵袋』（天野　2000）には、「『子ども部屋』のために家を建てるな」と副題がついている。子ども部屋は、居心地のいい逃げ場なのだから小さくする。テレビ・パソコン、電話子機、ファミ

コンゲームはおかない。そして、入り口は暖簾(のれん)にし、いつも空けておけと主張している。私はこれを実践した。

　暖簾とは、寝室や納戸などの入り口にかけるもので、間仕切り、目隠しのための布である。寝殿の帳(とばり)に由来するという。これに対して家を象徴する外暖簾もある。商家に多い。商家が路上から客を遮っては生きていけないし、お客のプライバシーやお客を風から守ろうと考えると、暖簾は重要である。商家の紋が暖簾にかかっているのは、そういう商家における暖簾の重要性、遮っているけれども内部が開いている融通性がある。私はそういった内外のバランスを重要した暖簾つき住宅を試みた。このあたりは、長屋ではなく、商家の知恵を取り入れた。

10—4　和室と接客

客間とは何か

　ニュータウンの終着の駅から徒歩 25 分の家に応接間があっても、17 年間、誰も来なかった。結局、応接間は物置か、親父の部屋になってしまう。そもそも応接とは何か。

　伝統的民家ならデイ（出居）があり、そこが応接兼主人の生活空間であった。田の字型農家においては奥の上手（オクザシキなどと称される）をさす場合もあれば、前部上手（マエザシキ）、前部下手の入り口土間に面した部分（カッテ、ヒロマ）や、下手の前部後部の間（ナカノマ）をさす場合もある（『日本民俗大辞典』）。デイとは、部屋の場を意味する言葉ではなく、内から外に対して突き出していく接客機能を意味する。接客の態度により、奥に設定することもあれば、入り口で留め置く（防御する）場合もあった。

　柳田國男は『明治大正史　世相篇』の「第 3 章　家と住み心地」に「出居の衰微」という一節を設け、「濃厚に過ぐ歓待」のデイと、「観測者にはまたやや冷淡のようにも解せられる」座敷での客迎とがあったという（柳田　1970、202-205）。デイは、内部と外部が融通する茶の間・縁という多様な接客空間に発展したが、近代には、デイが衰微し、座敷が重視された。これが、床の間を

擁して身構える応接和室の起源である。こうして、デイの「外部と向き合う」機能や、茶の間・縁の「内外が融通する」柔軟な接客態度を、現代人は失った。

そう考えると、いきなり道路に面してリビングのハキダシを設けた今回の設計は、外部に対して融通にリビングという私的空間に招き入れる「デイ」の家である。他者を無限定に招き入れるのは、長屋の思考である

デイによる接客

一方、座敷の接客はどういう意味があろうか。座敷がデイとよばれる場合は、正式な外部来客を迎える意が強い。これに対して、人を迎えるデイと、座敷を区別している場合、この座敷は仏壇を中心とした先祖という「外来者迎え」の場として機能する。しかし、都市第3世代の私には仏壇がないので、結局、座敷は単なるリビング連続の予備室とした。

日本の伝統的民家では、「交衆着座」といって座の交流は、食事をともにすることから始まる。居間で家族の食事や団らんだけでなく、親しい客を迎える。囲炉裏がきってあり、出入り口を眺める方向に横座がある。台所に近い場がカカ座、出入り口に近い方向に客座、横座の向かいが木尻、横座の上に神棚となる（『日本民俗大辞典』）。

食を共にする場に客を迎え、客が入り口に近いほうに座る

この客迎えの「濃厚に過ぐ歓待」の場をデイといい、ダイドコ（食糧庫の意。転じて食事室兼居間）と区別して表に設定する場合もあれば、土間に接した接客空間として茶の間を置くこともあった。いずれにせよ、食や茶を介して気楽に出会うのが、日本の民俗生活であり、長屋暮らしを基本とする私は、リビングをデイとして、オープンに人々を招き入れたかった。

10—5　内外を融通・育む現代の民家

上田篤は家の本質をカクレガ（上田　1983、5-25）と喝破した。家がカクレガで、ニワで神祭りをした。神仏こそ、来訪者の最たるものである。ところが、座敷ができて、室内に仏壇や神棚を設営し祀るようになった（大河　1986、61・148）。こ

うして、日本の家はカクレガ的要素を持ちつつ、神仏という外にアクセスできるようになった。

　森隆男は伝統民家の発展様式を、実態調査をもとに以下の様に仮説している。森によれば最初は寝間しかなく、簡易な応対としてはカッテマがあった。次に畳敷きのオクノマが出来て神を室内で祀り、間仕切り建具は取り外し可能となった。結婚式や葬式、いざというときには、建具をはずして日常の家が一気に多くの人をむかえる非日常の場となった。

　この段階で、それまでの濡れ縁が、雨戸が外についた座敷縁となる。外部の親しい人を立ち寄らせる機能を家が持ち始めた。日本の伝統民家はカクレガに、明るい「縁」＝日常的な交流の場を併設するようになった。縁は住居の開閉という点で重要（森　1996、99）なのである。次に、ナカノマが出来て、田の字型が完成する（森　1996、110-113）。これは、神を迎え祀る場としての座敷と、人を迎える場としてのナカノマ・縁の分離である。

　この様に考えると、家は内に対する「安全な隠れ家」であるとともに、多様な外（人、神）に開かれることが求められたことがわかる。このように考えると、筆者の自宅は、筆者の長屋経験に基づく、通風の良い開放的な住居になっている。一方で、日本の農家、民家や商家の要素も取り入れつつ、専門家と対談してデザインしてきた。今後は個人の経験や生き方、日本の建築文化に基づく、自由な建築参加がもとめられるであろう。

【参考文献】

赤坂憲雄、鶴見和子『地域からつくる内発的発展論と東北学』2015年。

明石市立図書館『明石 郷土の記憶デジタル版「明石の漁村」』

　　　https://trc-adeac.trc.co.jp/Html/ImageView/2820305100/2820305100100130/
　　　gyoson/

明石市立図書館『明石 郷土の記憶デジタル版「明石の宿場」』

　　　https://trc-adeac.trc.co.jp/Html/ImageView/2820305100/2820305100100140/
　　　syukuba/

天野彰『家づくり建築家の知恵袋――子ども部屋のために家を建てるな』講談社、2000年。

飯沼勇義『仙台平野の歴史と津波』宝文堂、2011年。

伊藤善文「大正期における市街地化の展開:神戸西部耕地整理組合を例として」『兵庫
　　　地理』29、1984年、27-32頁。

伊藤善文「第二次大戦前における神戸市の市街地化と土地区画整理事業」『兵庫地
　　　理』31、1986年、31-39頁。

乾・柴山「真野地区東尻池七丁目立江地区共同建替(第1回)『きんもくせい』28、1996年。

岩崎信彦ら『阪神淡路大震災の社会学』昭和堂、1999年。

上田篤『空間の原型』筑摩書房、1983年。

上田篤『流民の都市と住まい』駸々堂出版、1985年。

魚住村誌編纂委員会『魚住村誌』1957年

内田青蔵『消えた東京モダン』河出書房新書、2002年。

内田青蔵+大川三雄+藤谷陽悦『図説・近代日本住宅史――幕末から現代まで』鹿島出版
　　　会、2001年大河直躬 1986『住まいの人類学』平凡社

延藤安弘「計画作りの市民セクター――の関わり方――キモチづくりからカタチづくりへのNPO
　　　の役割」『都市計画』243、2003年。

荻野昌弘ら『3.11以前の社会学――阪神・淡路大震災から東日本大震災へ』生活書院、
　　　2014年。

奥村弘『大震災と歴史資料保存』吉川弘文館、2012年。

O2O3の会地蔵プロジェクト『すてきな大津の地蔵さん地蔵盆』2004年。

小原啓司「明治期の神戸における市街地整備の事業手法の研究」『土木史研究』第17号、1997年。

賀川豊彦『死線を越えて』(現代教養文庫)社会思想社、1983年(初版は『改造』[1920年新年号]に掲載)。

加藤仁美「長屋と路地の暮らし」都市住宅学会提供、http://www.sumai-info.jp/oyako/15/01.html

川田順三『人類学的認識論のために』岩波書店、2004年。

喜多慶治『兵庫県民俗芸能』錦正社、1977年。

紀田順一郎『東京の下層社会』ちくま学芸文庫、2000年。

北原糸子『地震の社会史　安政大地震と民衆』吉川弘文館、1983年。『災害と千年王国』新評論、1985年。『日本震災史』ちくま新書、2016年。『日本歴史災害事典』吉川弘文館、2012年。『津波災害と近代日本』吉川弘文館、2014年。

久保光弘「住民主導まちづくりは、複雑系」『都市環境デザイン会議関西ブロック2003年度第7回都市環境デザインセミナー』2003年

http://web.kyoto- inet.or.jp/org/gakugei/judi/semina/s0308/index.htm

神戸新聞学芸部『兵庫探検―民俗編』神戸新聞社、1996年。

国立歴史民俗博物館『被災地の博物館に聞く―東日本大震災と歴史・文化資料』2012年。

今和次郎『日本の民家』岩波文庫、1989年。

柴田純花　窪田亜矢「耕地整理による戦前期の用途混在密集市街地の形成実態及び社会的評価に関する研究-大街区で構成される神戸西部耕地整理事業地区を対象に-」『日本都市計画学会　都市計画論文集』Vol.50 No.3、2015年。

菅野幸子「震災復興過程における地蔵とそれを支えるコミュニティについて」[神戸大学工学部建築学科卒業論文]、1997年。

住吉常盤会 編『住吉村誌』1928年(1946年復刊)。

田野登『大阪のお地蔵さん』渓水社、1994年。

寺内信『大阪の長屋-近代における都市と住居』INAX album、1992年。

寺田寅彦『津波と人間』1933年(「地震雑感／津浪と人間」『寺田寅彦随筆選集』-28-
　　中公文庫、2011年所収)。『天災と国防』1934年(講談社学術新書、2011年所収)、
　　『日本人の自然観』1935年(『寺田寅彦随筆集』第5巻、岩波文庫、1963年所収)。

都市問題経営研究所『自分たちの市場は自分たちで：全壊から復興まで』1998年。

中牧弘允『むかし大名、いま会社―企業と宗教』淡交社、1992年。

西山卯三『すまい考今学―現代日本住宅史』彰国社、1989年。

西山卯三『増補　住み方の記』筑摩叢書、1978年。

ハーヴェイ.デビット　1996　吉原直樹監訳•解説『ポストモダニティの条件』青木書店。

バークン・マイケル『災者と千年王国』新評社、1985年。

畑中章宏『柳田国男と今和次郎―災害に向き合う民俗学』平凡社新書、2011年。

早川和男『住宅貧乏物語』岩波新書、1979年。

速水侑『観音、地蔵、不動』講談社現代新書、1996年。

(財)兵庫県都市整備協会『震災をのりこえ、県民が選んだ　伝えたいふるさとの景観』
　　1999年。

布川弘「日露戦後における賀川豊彦の救貧事業-「人格」を認めるということ」『日本研究』
　　第12号、日本研究研究会(広島大学)、1998年。

宮田登『ミロク信仰の研究　日本における伝統的メシア観』未来社、1975年。

宮本袈裟雄『庶民信仰と現是利益』東京堂出版、2003年。

宮脇壇『それでも建てたい家』新潮社、1991年。

宮脇檀『男と女の家』新潮社、1998年a。

宮脇壇『　宮脇壇のいい家の本』PHP研究所、1998年b。

宮本常一「ふるさとの生活」『宮本常一著作集　7』未来社、1968年。

森隆男　『住居空間の祭祀と儀礼』岩田書院、1996年。

森栗茂一「地蔵の記憶と震災」『TOMORROW』第38号、あまがさき未来協会、1996年、
　　52-73頁。

森栗茂一「震災二年目の地蔵」『現代民俗学の視点3心性の民俗』朝倉書店、1998年。

森栗茂一「地蔵コミュニティーの世相史--都市化・災害と子どもの生きる場の喪失」『子どもの文化』32号、2000年、21-28頁。

森栗茂一「地蔵と都市災害」『日本都市計画学会関西支部だより』No.1、2002年。

森栗茂一『河原町の歴史と都市民俗学』明石書店、2003年。

森栗茂一「見えない都市遺産」『国立民族学博物館調査報告　第51集　文化遺産マネージメントとツーリズム』2004年、125-150頁。

森栗茂一「商工混住地域長田の復興10年での都市居住者の思い」『都市住宅学』第50号、2005年、41-46頁。

森栗茂一「くるくるバスがもたらした持続可能なオールドニュータウン」『交通工学』42-1、2007年、25-35頁。

森栗茂一「共創まちづくりの「仮説」提案」『実践政策学』第5巻第1号、2018年、p.p.31-36。

森栗茂一、島田誠『神戸―震災を超えてきた街ガイド』岩波ジュニア新書、2004年。

柳田國男「都市と農村」『定本　柳田國男集』第16巻、筑摩書房、1969年

柳田國男「明治大正史」『定本　柳田國男集』第24巻、筑摩書房、1970年

柳田國男「出居の衰退」『定本柳田國男集』第24巻、筑摩書房、1970年（初版は1931年）

山崎千恵子「地蔵盆あれこれ」『子どもの文化』32号、11-20頁、2000年、

山下文男『津波てんでんこ』新日本出版社、2008年。

吉越昭久『災害の地理学』文理閣、2014年。

吉村昭『三陸海岸大津波』文藝春秋社、2004年。

歴史学研究会編「震災・核災害の時代と歴史学」『「3・11」と歴史学』2013年。

和辻哲郎『風土　人間的考察』岩波書店、1935年。

【初出】

本書の初出は、以下のとおりである。

1章　神戸の地蔵信仰と復興まちづくり

　　　「神戸の地蔵信仰と復興まちづくり〜伝承再構築支援の民俗学—」『日本民俗学』第243号(2005年、141-149頁)を加筆修正

3章　長田の地蔵盆と震災

　　　「地蔵の記憶と震災」『TOMORROW』第38号(あまがさき未来協会、1996年、52-73頁)を加筆修正

4-4　震災後に開店した、再開発事業地区のたこ焼き屋と地蔵

　　　島田誠・森栗茂一『神戸-震災を越えてきた街ガイド』(岩波書店、2004年)一部を修正加筆。

6章　子育てネットワークの地蔵

　　　「地蔵コミュニティーの世相史—都市化・災害と子どもの生きる場の喪失」『子どもの文化』第32巻10号(文民教育協会:子どもの文化研究所、21-28頁)を加筆修正

7章　震災二年目の地蔵盆

　　　「震災二年目の地蔵盆」『現代民俗学の視点　3　心性の民俗』(朝倉書店、1998年、108—120頁)を加筆修正

9章　長屋の住み方

　　　「長屋の住み方とその評価について」『都市住宅学』第48号(2005年、100-110頁)を加筆修正

10章　長屋経験を活かした現代居住

　　　「内外を融通する現代住居の試み」『民俗建築学』第124号(2003年、31-37頁)を加筆修正

エピローグ

　阪神大震災で被災し7名の住民が亡くなった町が復興再開発事業にかかった。既存の町の継続は困難で、再開発ビルになる。お爺さんが、地蔵を須磨寺に返そうとした前夜、「もったいのうて」眠れなかったと聞いた（第1章）。しかし、本書をまとめるうちに、気づいたことがある。「もったいない」のは、はたして地蔵さんに対してだけだったのだろうか。

　長屋の狭い路地の地蔵さんの前に、子どもたちの名前を書いた提灯を吊り、みんなで盆踊りをした日々、その暮らしを断ち切ることが、皆と暮らした人生記憶を捨て去ることこそが、「もったいない」のかもしれない。

　日本人の情感を描いた「男はつらいよ」（山田洋次監督）シリーズの第39作「寅次郎物語」（1987年12月26日公開、松竹株式会社）に次のような名言がある。

　満男「人間は何のために生きてるのかな」

　寅次郎（以下、寅さんと表記することもある）「何て言うかな、ほら、あー生まれて来てよかったなって思うことが何べんかあるだろう、そのために人間生きてんじゃねえのか」

　人並みに大きな会社に入らねばならない。成功したい。そんな就職活動のなかで悩んだ大学生の満男が、寅さんに尋ねたのだ。

　寅さんの答えは、生きることの実感、生きることを生き続ける人生の意義を示唆している。

　復興とは、再開発や区画整理事業など、容積率と用途地域指定、道路公園整備の面的整備とその国庫補助によってのみなされるのではない。都市計画を実施した整備建物の共益費コストや商店の収益性、マンションの床価格、面的整備地域と周辺地域とのバランスなども考慮せねばならない。加えて、そこで暮らしてきた記憶、ともに暮らす暮らし方、「あー生まれてきて来てよかった」「あーこの街で暮らしてきてよかった」と思う瞬間を、取り戻すことかもしれない。

　1998年の新アテネ憲章以降、面的整備だけでなく、人々の居住や歴史的まち

なみの保存復元が、これからの都市計画では求められるようになった。1995年以降実施された、神戸市長田区の復興都市計画事業をみたとき、もう一度、地蔵への人々の思いから、検証してみることは、日本のこれからのまちづくりを考える上で、重要なことではなかろうか。

阪神大震災で、自らの居住を失っても、地蔵に寄せる思い、地蔵盆をせねばと思う気持ちは、実は「生まれてきてよかった」「この街で暮らしてきてよかった」という生き方、生きることを取り戻す被災者の思いに支えられてきたのではないか。でなければ、これほど、神戸、長田の人々が、大震災のなかで地蔵にこだわったことを説明できない。

地蔵菩薩とは、大地が全ての命を育む力を蔵するように、苦悩にある人々を、その無限の大慈悲の心で包み込み、救う所から名付けられたという。地蔵は人々の生活を包み込む菩薩行の修行者の姿とされる。『地蔵十王経』によれば、日本では地蔵は悪事を裁く閻魔大王の化身であり、あの世とこの世の境界で、人々を導くとされる。地蔵菩薩は、境界の神である塞ノ神にも比定され、辻など境界に位置する。また、大人と人間存在以前との中間・境界に位置する子どもを見守るとも信じられてきた。

地蔵菩薩は、菩薩行として、徹頭徹尾、人々の「生きる」を包み込み、子どもの「生きる」を見守ってきた。

1995年の阪神大震災では、被災市民が集まった対話の場「長田の良さを活かしたまちづくり協議会」で、「こんなときは、寅さんが来るに違いない」と議論になった。協議会の依頼を受けて、山田監督が急遽、『男はつらいよ』第48作「寅次郎紅の花」（1995年12月23日公開）において、長田ロケを追加した。

寅次郎役の渥美清は、当時、病状が悪化していたが、長田区菅原市場の焼け跡でのロケで、「ここで多くの人が死んだんだってねェ」と語ったと聞いた。「男はつらいよ」のロケが実行され、感動した住民は、新長田駅に「寅地蔵」を置いた。「寅地蔵」は普通の地蔵木像レリーフであるが、渥美清のように額にホクロがある。

　人々の暮らし、生きるを肯定する、生きるを元気づけるのが、世界最長の映画シリーズ「男はつらいよ」だとするなら、まさに、寅さんこそ地蔵の化身であり、この神戸ロケのあった第48作をもって、「男はつらいよ」シリーズは、渥美の死去によって終わっている。

　本書は、個人的な記憶から書き出している。最後も個人的なことで恐縮だが、番町部落の地蔵に熱心に拝んでいた　亡き我が子　田和義英　に本書を贈ることをお許しいただきたい。

　義英くん　僕らの子として生まれてきてくれてありがとう。お父さんは大阪大学を退職したあと、あなたが生まれた西神戸の神戸学院大学に勤めています。あなたと同じような優しい頭の良い、あなたより少し若い学生たちとともに学んでいます。東京学芸大学演劇部のOBとして頑張ってきた、大先輩として演劇を指導してきたあなたを、私たち夫婦は充分には支えられませんでした。ほんとうに、ごめんなさい。その分、私は神戸学院大生の可能性を全面的に支えたいと思っています。

　最後に、ふるさと神戸の高等教育で若者を育てる機会を与えていただき、さらに神戸学院大学出版会の初刊行に本書を選定し支援いただいた、神戸学院大学に感謝申し上げます。

　長田の小さな路地に生まれ、高等教育に志した者としては、何よりの幸福です。

【略歴】　森栗　茂一（もりくり　しげかず）

1954年　神戸市長田区生まれ。大阪教育大学大学院修了、大阪大学コミュニケーションデザイン・センター教授を経て、2020年、神戸学院大学人文学部教授、大阪大学招へい教授。博士（文学）。

　日本生活学会副会長、都市住宅学会理事、兵庫県・神戸市・大阪市・国交省・環境省など各種委員、大阪市青少年問題協議会会長、国土政策研究所道路空間委員、平城宮跡公園PPPアドバイザー、日本みち研究所寄付研究部門主査などを歴任。

【著書】
『都市人の発見』（1992）、『夜這いと近代買春』（1995）、『性と子育ての民俗学』（2000）、『河原町の歴史と都市民俗学』（2003）、『神戸—震災を越えてきた街ガイド』（2004）、『コミュニティ交通のつくり方』（2013）、『お遍路とコミュニケーション』（2015）などがある。

【受賞】阪急彩都まちづくり大賞銀賞（2001）、今和次郎賞（2004）、交通工学研究会技術賞（2008）、大阪大学教育・研究功労賞（2009）を受賞。

地蔵・長屋の歴史民俗学

～震災を越えてきた街神戸長田から～

発刊日　2021 年 4 月 20 日
著　者　森栗茂一 ©
装　丁　二宮　光
発行人　佐藤雅美
発　行　神戸学院大学出版会

発　売　株式会社エピック
　　　　651 - 0093　神戸市中央区二宮町 1 - 3 - 2
　　　　電話 078（241）7561　FAX078（241）1918
　　　　http://www.epic.jp　E-mail info@epic.jp
印刷所　モリモト印刷株式会社

◆◇── 神戸学院大学出版会・既刊本 ──◇◆

ポスト・コロナ時代のビジネスと会計
Integrated Accounting System for the Post Covid-19 Business
大野俊雄

新たな生活様式を特徴づける要件を地域コミュニティのもつ「三つのローカル性」と関連づけながら紹介し、その具体的な姿を会計的な視点と現代の公的介護保険制度とリハビリテーションの考え方を用いて提案。

ISBN978-4-89985-206-3 C3033　　本体 1,800 円＋税（発売:エピック）

日本・ウクライナ交流史　1915 – 1937 年
IСТОРІЯ ЯПОНСЬКО-УКРАЇНСЬКИХ ВІДНОСИН 1915-1937 p.p.
岡部芳彦

宮沢賢治をはじめ多くの日本人を魅了したウクライナ。神戸に始まり、神戸に終わったその歴史の狭間に忘却された、日本との知られざる交流を、日・宇の膨大な史料から解き明かす。

ISBN978-4-89985-208-7 C3039　　本体 1,800 円＋税（発売:エピック）

要説・企業法
Integrated Compendium of Corporate Law
田中裕明

10 年にわたる法科大学院・会計専門職大学院での講義ノートをもとに、昨今の社会・企業情勢から最新の情報とエッセンスを選り出し、コンパクトに編集。会社法・関連法講義テキストの決定版。

ISBN978-4-89985-210-0 C3032　　本体 1,800 円＋税（発売:エピック）

《 KOBE GAKUIN UNIVERSITY PRESS 》